교육사상가
체 게바라

Del Pensamiento de Pedagógico de
Ernesto Che Guevara

Del Pensamiento de Pedagógico de Ernesto Che Guevara
by Lidia Turner Marti
Copyright © 2007 by Lidia Turner Marti.
Authorized translation from Spanish edition published by Editorial Capitán
San Luis, Habana
Korean translation copyright © 2018 by Samcheolli Publishing Co.

교육사상가 체 게바라
새로운 사회와 인간 교육

지은이 리디아 투르네르 마르티
옮긴이 정진상
디자인 이수정
펴낸이 송병섭
펴낸곳 삼천리
등 록 제312-2008-121호(2008년 1월 3일)
주 소 10570 경기도 고양시 덕양구 신원로2길 28-12, 401호
전 화 02) 711-1197
전 송 02) 6008-0436
이메일 bssong45@hanmail.net

1판 1쇄 2018년 12월 14일

값 14,000원
ISBN 978-89-94898-50-6 03370
한국어판 © 정진상 2018

새로운 사회와 인간 교육

교육사상가
체 게바라

리디아 투르네르 마르티 지음
정진상 옮김

삼천리

"나는 인간의 진보와 미래의 삶, 선한 본성을 믿는다."

호세 마르티의 이 말에 공감하는 교육자들과 학생들에게

서문

1988년 7월 29일, 쿠바 일간지 《그란마》에는 리디아 투르네르 마르티가 쓴 〈교육가 체 게바라〉라는 글이 실렸는데, 거기에 이런 대목이 나온다.

　체의 저작을 연구하고 분석하면서 우리는 그가 쿠바 교육에 주목할 만한 유산을 남겼다는 사실을 직감하게 되었다. …… 연설과 에세이, 편지, 전투 일기 등에 표현된 체의 사상은 인간의 본성뿐 아니라 인간을 교육하는 방법, 교육과 사회경제적 발전 사이의 관계에 대한 심오한 분석을 포괄하고 있다.

이 말에 나는 놀라지 않을 수 없었음을 고백한다. 체 게바라의 저작 열독자로서 나는 그의 사상이 이러한 정력적인 노선을 취하고 있었다는 사실에 주의를 기울이지 않았다. 이 문제에 관한 토론 중에 이 책의 지은이는 몇 년 전부터 '게릴라 영웅'의 사상 가운데 이 측면을 연구해 왔다고 하면서, 그러한 노력에 상당한 진전이 있어 진지하게 체의 교육 사상을 다루는 책을 쓸 생각이라고 말했다. 그때 나는 그가 책을 써서 내놓으리라고 확신했다.

그러한 연구의 결실이 《교육사상가 체 게바라》라는 제목의 이 책에 오롯이 담겨 있다. 이 책이 다루고 있는 주제와 지은이에 관해 몇 가지 생각을 적어 볼까 한다.

리디아 투르네르 마르티는 탁월한 교사이다. 그는 젊은 나이에 교사로 일하기 시작했으며, 수년간 주요한 관리직을 맡았음에도 불구하고 초등학교든 대학교든 교실이나 학생들과 한 번도 접촉을 끊은 적이 없다. 스스로 지적한 바와 같이 그러한 접촉은 교육 과정이 언제나 도전적으로 요구하는 문제들을 계속 따라잡도록 하는 데 도움이 되었다.

그는 교육 분야에서 이룬 업적으로 대중들에게도 잘 알려져 있고 쿠바에서 가장 뛰어난 교육자의 한 사람으로 인정받고 있다. 하지만 리디아를 실제로 두드러지게 한 것은 박사학위가 아니라 그의 심오한 인간성과 무한한 혁명 열정, 그리고 전염성이 있는 낙관주의이다. 이러한 품성으로 그는 교육의 질적 향상에 특별히 잘 어울리는 창조적인 생각을 할 수 있었다. 이 모든 것과 함께 그는 관련되는 하나의 주제를 잡으면 끝까지 추구하는 집요함을 겸비하고 있다. 일단 교육에 적절하다고 생각되는 과업을 맡기로 결정하면 리디아에게는 어떤 난관이나 이해 부족도 문제되지 않는다.

얼마 전부터 리디아 투르네르는 쿠바와 라틴아메리카의 교육 사상을 널리 보급하려는 매우 강렬한 야심을 보여 주었다. 그는 자신의 생각에 관심 있는 다양한 전문가들과 학생들의 도움으로 이 작업에 헌신해 왔다. 그는 평생 호세 마르티의 교육 사상 연구에 몰두해 왔기 때문에 머지않아 이 주제에 관해서도 새로운 책을 낼 거라 기대한다.

리디아에게는 한 가지 장애 같은 것이 있었는데, 그것은 본인이 고치고 싶어 하지 않는 약점이었다. 그는 그동안 교육에 관련된 다양한 주제로 탁월한 논문들을 써서 전문 잡지에 싣고 독창적인 연구를 수많은 국제회의에서 발표했다. 또한 그는 과학적 연구 결과들을 출판했으며 여러 에세이의 공저자이기도 하다. 하지만 그는 이런 책을 출판하려고 선뜻 결정을 하지 않았다. 이런 문제가 제기될 때마다 그는 선량한 웃음을 지어 보이며 호세 마르티가 루스 이 카바예로(Luz y Caballero, 1800~1862. 본명은 José Cipriano de la Luz y Caballero, 19세기 쿠바 지성계를 대표하는 학자로 쿠바혁명기에 그의 저작들이 재출간되어 널리 읽혔다-옮긴이)에 관해 한 말을 상기시키곤 했다. 마르티는 보상받기 위해서가 아니라 오직 쉽게 잊어버리는 영혼을 위해서 책을 썼다는 것이다.

성숙기의 리디아 투르네르가 낸 이 책은 우리 모두가 기대해 오던 책이다. 이 책은 독자들에게 주는 선물인 셈이다. 그는 우리를 에르네스토 체 게바라의 교육 사상으로 이끈다. 지은이는 체의 저작을 독해하여, 매우 선구적이고 휴머니즘적인 확고한 교육 사상이 담겨 있다는 사실을 밝혀내고 있다.

호세 마르티의 경우와 마찬가지로, 체에게는 개인의 인격이 오직 공적 인간과 일치할 때만 위대하다. 교육과 새로운 인간(Un Hombre Nuevo) 형성에 관한 체의 사상에 뿌리박고 있는 것은 바로 개인과 사회의 이러한 변증법적 통일이다. 그는 사회 속의 인간 교육에 대한 과학에 누구보다도 크게 기여했다.

이 책 전체에 걸쳐 폭넓게 펼쳐진 교육에 관한 체의 생각이 쿠바와 라틴아메리카 교육 사상사에서 진정으로 기념비적이라는 내 주장에 독자들도 동의할 것이다.

쿠바 사회가 창조하려고 하는 인간 유형에 대한 체의 개념에 관한 모든 것, 그리고 그것을 교육하는 방법과 그러한 목표를 달성하는 데 따르는 모순들은, 쿠바의 교육 이론과 실천 개념이 요청되는 이 역사적 시기에 어느 때보다도 특별히 중요하다.

새로운 세대의 교육에 요청되는 정서와 가치를 형성하는 데 중요한 수단으로서 쿠바 역사교육을 체가 강조한 대목은 주목할 만하다. 체는 또한 탁월한 감수성으로 역사가로서뿐 아니라 역사교육자로서 이런저런 논평을 썼다.

역사, 사회학, 법학, 교육학, 철학을 공부하는 학생들과 교수들, 요컨대 관심 있는 모든 쿠바인들과 라틴아메리카 사람들은 이 책에서 자신들의 사회적 과제를 위한 끝없는 통찰을 발견할 것이다. 이 책은 오늘날 쿠바와 라틴아메리카 교육 사상이 성취한 지적 수준을 평가하는 데 기여할 것임에 틀림없다.

체가 새로운 세대를 가장 훌륭하게 교육하기 위해 기여한 업적을 우리가 다시 한 번 되새기도록 하는 이 요긴한 책을 출판한 리디아 투르네르 마르티와 그의 동료들, 그리고 카피탄산루이스 출판사 편집진에게 감사한다. 체는 우리 시대의 위대한 교육사상가임에 틀림없다.

후스토 A. 차베스 로드리게스(쿠바 교육부 중앙교육과학연구소 소장)

| 차례 |

머리말

1959년 12월 28일, 산타클라라에 있는 라스비야스대학에서 에르네스토 체 게바라 사령관은 교육학 명예박사 학위를 받았다. 그 자리에서 그는 이렇게 말했다.

…… 먼저 분명히 해둘 말씀이 있습니다. 오늘 제게 수여한 이 학위는 오직 우리 인민 군대에게 주는 경의인 한에서 받겠습니다. 나는 개인 자격으로 이것을 받을 수는 없습니다. 이렇게 말하는 이유는 단순합니다. 말하는 것에 걸맞은 내실이 없는 어떤 것도 새로운 쿠바에서는 설 자리가 없기 때문입니다.[1]

그런데 체가 남긴 저작과 연설문, 전투 일기, 편지에 이르기까지 모든 사상을 주의 깊게 살펴보면, 그가 우리 교육학에 매우 가치 있는 기여를 했다는 사실을 확인할 수 있다.

그의 저작 전체에 걸쳐 쿠바의 구체적인 역사적 조건 속에서 사회주의적 인간 교육에 관한 견고한 사상이 들어 있다. 이 이론적인 유산은 현재와 미래 세대의 쿠바인 교육을 이끌 실천을 과학적으로 정의하는 데 중요한 가치를 지니고 있다.

체의 교육 사상에 관해 조심스럽게 개괄하고자 하는 이 책에서, 나는 체의 저작에서 가장 중요하다고 생각하는 두 가지 요소에 초점을 맞추어 분석하고 평가할 것이다. 하나는 새로운 사회를 건설하는 인간의 자질과 가치의 형성이고, 다른 하나는 쿠바 역사 과정에서 필요한 과학으로서 사회교육학에 관한 것이다. 끝으로 체의 삶과 사상이 오늘날 쿠바의 각급 학교에 미친 영향과, 어린이들과 청년들이 배울 만한 체 저작의 윤리적·문학적 가치를 다룰 것이다.

첫 번째 요소와 관련하여, 체의 인간과 교육 개념의 원리이자 출발점으로서 중요한 저작은 바로 〈쿠바의 사회주의와 인간〉이라고 할 수 있다. 여기에서 그는 쿠바 사회가 젊은 세대를 준비하는 과정에서 직면할 문제들을 지적하고 있다. "사회주의가 건설되는 이 기간 동안에 우리는 막 태어난 새로운 인간을 볼 수 있다. 새로운 인간상은 아직 완성되지 않았다. 그것은 새로운 경제 형태와 나란히 발전하는 것이므로 결코 완성되지 않을 것이다. ······"² 그리고 이렇게 덧붙인다. "길은 멀고 잘 모르는 곳도 있다. 우리는 우리의 한계를 안다. 우리는 스스로 21세기 인간을 만들어 낼 것이다. 우리는 새로운 과학기술에 걸맞은 새로운 인간을 만들면서 일상적인 활동에서 스스로를 단련할 것이다."³

게바라 사령관은 우리 젊은이들에게 불어넣어야 할 자질들을 조사하여 확실하게 제시했다. 그중에도 인간의 문제에 대한 감수성, 향학열, 겸손, 소박함, 연대, 잘못된 것에 대한 불관용, 불의와 형식주의에 대한 비타협 같은 자질을 특별히 강조했다.

체는 집단주의를 쿠바에서 사회주의 인간의 중요한 자질로 보았다. 그는 인간의 사고와 행동이 무엇보다도 집단의 이해관계에 관하여 방향을 정할 때, 그리고 직접적인 사회적 행동을 할 내적 필요성을 느낄 때 집단주의가 분명하게 표현된다는 견해를 가지고 있었다. 집단적 과업을 수행하는 곳에서 집단주의가 발전하며, 동시에 그에 상응하는 개인의 힘과 능력, 도덕적 자질이 발전할 적절한 조건이 생겨난다. 그는 '개인-집단-사회'의 관계를 강조했으며, 개인은 사회적 이해관계를 자신의 것으로 체험할 필요가 있다고 주장했다. 악조건 속에서도 자기 관점을 열정적으로 지키고 자기 신념을 지키면서 자신의 지위를 맡을 능력이 있는 인간을 기르는 교육을 옹호했다.

체의 저작에 나타나는 두 번째 중요한 요소는 사회교육학이다. 사회교육학이란 사회가 모든 개인에게 끊임없이 교육적 작용을 한다는 이론에 바탕을 두고 있다.

모든 개인의 교육은 개인들(교사, 부모, 가족, 동료)의 영향을 받을 뿐 아니라 특히 집단, 사회단체, 환경, 미디어 등에 영향을 받을 수밖에 없다.

그러한 교육적 영향력을 발견하고 분석하는 것이 사회교육학의 과제이다. 그리고 개인과 집단에게 더 나은 교육을 위해 적절한 목표를 지적하고 교육의 잘못을 비판하며 교육의 방향을 제시하는 것도 사회교육학이 다루어야 하는 내용이다. 여기서 우리는 사회가 어떻게 개인을 교육하며, 수많은 정치인과 생산 현장의 노동자, 그리고 전문가들이 다른 사람들에게 의식적으로 교육적 행동을 하는가에 대한 체의 성찰을 보게 될 것이다. "사회 전체가 거대한 학교로 전환되어야 합니다."[4] 그는 연설, 에세이, 대담, 편지 곳곳에서 사회교육학을 실천하는 체계적인 사례를 보여 주고 있다.

마지막으로, 이 책 전체에 걸쳐 체의 저작에서 뽑아낸 글을 자주 인용하고 있다는 점을 말해 둔다. 그의 사상을 충실하게 보여 주기 위해 그렇게 했다. 비록 어떤 부분은 지나치다고 생각될 수 있지만 이 책의 목표를 달성하기 위해 그 편을 택했다. 쿠바의 위대한 교육가 마누엘 발데스 로드리게스의 다음과 같은 말에 동의하기 때문이다. "거장에 대한 연구에서는 저작을 직접 다루어야 한다. 말하자면 거장의 신념이나 주장, 사상에 대한 해석을 찾는 일보다 저작 속에 살아 있는 텍스트, 즉 일차 자료에서 모든 것이 면밀히 탐구되어야 한다."[5]

이 책은 집단 작업의 결과라는 점을 덧붙이고 싶다. 이 책에는 내가 엔리케 호세 바로나 고등교육연구소에서 15년 동안 지도한 석박사 과정 학생들의 연구가 반영되어 있다. 또한 이 책은 이 나라 곳곳의 고등교육연구소(쿠바 14개 주에 있는 사범대학-옮긴이) 교수들이 수행한 연구 결과에 바탕을 두고 있다.

이 책은 체의 교육 사상에 대한 첫 번째 분석이다. 이 책을 시작으로 앞으로 그의 저작에 관한 다른 연구들이 계속 나오기를 기대한다.

**chapter
01**

사회주의적
인간 교육

새로운 사회경제 체제에서 인간 교육은 새로 출현하는 사회가 직면해야 하는 가장 복잡한 과제가 된다. 이렇게 말하는 까닭은, 우리 나라의 사회주의 건설이 두 가지 모순된 현상을 보여 주고 있기 때문이다. 첫째는 아직 공산주의 사회가 존재하지 않는 시기에 사람들에게 사회주의와 공산주의의 삶을 준비시켜야 한다는 점이고, 둘째는 어린이와 청소년들의 교육을 지도할 어른들이 아직 사회주의적 인간의 모든 자질이나 성격을 갖추고 있지 않다는 점이다.

에르네스토 체 게바라는 철학·교육학 논문 〈쿠바의 사회주의와 인간〉에서 이러한 현상을 연구하고 그 복잡성을 예견한 바 있다.

우리 사회주의자들은 더 충만하기에 더 자유롭고, 더 자유롭기에 더 충만하다.

완전한 자유의 뼈대는 이미 만들어졌다. 여기에 살을 붙이고 옷을 입힐 필요가 있다. 우리는 그렇게 할 것이다.

우리의 자유와, 일상에서 자유를 지키는 일은 핏빛을 띠고 있으며 희생으로 가득하다.

우리의 희생은 의식적인 것이다. 그것은 우리가 건설하려는 자유를 위해 치러야 하는 대가이다. 길은 멀고 잘 모르는 곳도 있다. 우리는 우리의 한계를 안다. 우리는 스스로 21세기 인간을 만들어 낼 것이다.

우리는 새로운 과학기술에 걸맞은 새로운 인간을 만들면서 일상적인 활동에서 스스로를 단련할 것이다. ……

…… 우리의 과업에서 기본적인 자원은 바로 청년들이다. 그들에게 희망을 걸고 그들이 우리의 깃발을 넘겨받을 수 있도록 준비시킬 것이다.[1]

우리는 에르네스토 게바라가 쓰고 남긴 모든 저작을 분석하는 데서 출발하여, 쿠바의 교육 이론에서 그가 이 근본적인 문제에 기여한 바를 보여 주고자 한다. 이 문제를 새로운 조건에 비추어 파고들기 위해 몇 가지 주제를 뽑았다. 첫째 쿠바 사회주의 사회가 열망하는 인간상, 둘째 사회주의적 인간을 교육하는 방법, 셋째 그러한 목표를 달성하고자 할 때 부닥치는 난관이 그것이다.

1

쿠바 사회가
열망하는 인간상

모든 사회는 스스로 영속하려는 관심에 따라 모델이 되는 인간을 그려 왔다. 사회주의 사회에서는 두 가지 이유 때문에 이러한 모델이 더욱 복잡해진다. 인간 교육을 인간으로서의 완성과 그 잠재력의 충분한 발전으로 본다는 점에서 그 열망이 확대된다. 이와 동시에 그러한 열망은 사회의 모든 구성원들에 대한 교육의 필요성으로 전환된다. 그리하여 자본주의 사회에서는 작동하지 않았던 대중교육이라는 개념이 등장한다. 말하자면 교육은 계급, 인종, 성, 지역의 구별 없이 모든 사람들의 권리가 되는 것이다.

그렇다면 모든 사람들에 대한 완전한 교육이란 게 가능할까? 이 나라의 모든 어린이와 청년, 시민들의 잠재력을 극대화할 수 있을까? 사회주의에서는 얼마나 많은 요소가 개인들의 다면적인 열망을 충족하며, 누구나 그러한 열망을 발전시키도록 할 수 있을까? 집단 속의 인간 교육에서 어떻게 균형을 달성하며, 동시에 어떻게 개성을 극대화할 수 있을까? 인간 교육을 위해 어떤 길을 가야 하는가?

이러한 질문에 대한 성찰을 위해 우선 다음과 같은 체의 분석에서 시작하고자 한다.

······ 왜냐하면 사회주의와 공산주의를 건설하는 현 단계에서, 사회주의는 단순히 우리의 공장들을 훌륭하게 하는 것만이 아니라 완전한 인간을 통해서 이루어지기 때문이다. 생산의 진보와 함께 인간 그에 걸맞게 바뀌어야 한다. 만약 우리가 그저 재화 생산자에 그치고 동시에 인간의 생산자가 아니게 되면 적절한 과제를 수행하지 않는 것이다.[2]

경제적 발전과 인간 교육의 관계는 체가 사회주의 발전에 관해 연구할 때 언제나 숙고한 문제였다.

우리는 공산주의를, 기존의 사회에 소비재를 기계적으로 보태는 것이 아니라 의식적인 행동의 결과로 이해한다. 따라서 물질적 발전이 충분히 이루어진 사회구조에서 개인들의 의식에 대한 작업, 곧 교육이 중요하다.[3]

체는 교육의 가치를 과대평가하지도 과소평가하지도 않고 정확한 관점에서 분석했다. 그는 교육을 사회경제적 메커니즘에 의존하는 동시에 앞서가는 변증법적 관계로 본다.

나는 교육이 한 나라를 형성한다고는 생각하지 않는다. 교육받지 않은 우리 혁명군이 무수한 난관과 편견을 격파함으로써 입증하기도 했다. 하지만 교육을 경제적 전환의 결과로만 보면서 오직 경제적 과정만이 이러한 전환을 가져왔다고 말하는 것 또한 진실이 아니다. 교육과 경제적 발전은 언제나 상호작용하며 서로를 완전하게 만들어 간다.[4]

이러한 변증법적 관계를 그는 이런 말로 강조하고 있다.

······ 공산주의는 인류의 목표이며, 의식적으로 그 목표에 도달할 수 있다. 따라서 교육, 즉 사람들의 의식 속에 있는 과거 사회의 결점을 지우는 것은 매우 중요한 요소이다. 물론 그와 나란히 생산의 진보가 없이는 결코 공산주의에 도달할 수 없다는 점을 잊어서는

안 된다.[5]

하지만 인간 교육이 전제로 하는 것은, 사람은 어릴 때부터 세계나 자신이 사는 사회 그리고 자기 자신에 대해 가치 체계나 관점을 형성하기 시작한다는 점이다.

사람의 일상적인 행동을 이끄는 이런 가치 체계는 유전자로 전달되거나 외부에서 접종 또는 주입되는 것이 아니라, 외부의 영향력이라는 끊임없는 모순을 통해 내부에서 형성되는 것이다.

사회 전체, 특히 교육은 모든 쿠바 사람들의 가치 체계가 기본적으로 공통적인 특징을 가지고 목표에 접근하게 하는 데 기여할 수 있다. 그렇다고 해서 개인에 따른 차이가 제거되는 것이 아니다. 정반대로 집단적인 노동을 통해 개성이 강화된다.

에르네스토 게바라는 새로운 사회주의적 인간의 자질과 그 도덕적 특징을 파악하기 위해 스스로 깊은 성찰과 폭넓은 혁명적 실천을 병행했으며 다른 사람들도 그렇게 하도록 도왔다. 그것들은 우리 나라가 필요로 하는 새로운 인간에 결정적이기 때문에, 우리는 이 문제에 깊게 천착하기 위해 사회주의적 인간의 특징을 몇 가지 뽑아 봤다.

우리는 특히 집단주의, 휴머니즘, 겸손과 소박함, 욕심 없음, 규율과 조직, 끊임없는 자기 혁신, 잘못된 것에 대한 불관용 등을 지적하고자 한다. 집단주의에 관해 체는 이렇게 말했다. "사회 환경 속에서 혼자의 독특한 행동으로서 개인주의 그 자체는 쿠바에서 사라져야 한다. 미래에 개인주의는 모든 개인들이 절대적인 집단 이익에 완전히 헌신하는 것이 되어야 한다. ……"[6]

체는 새로운 가치 체계의 한 부분으로서 집단주의를 의식적 행동과 자기 결정 능력에 결합시킨다. 그는 인간의 활동적 성격, 즉 다양한 사회 분야에 참여하여 자신의 고유한 표현 형식을 가질 필요성을 강조한다.

사회적 행동과 개인적 자기 결정이 하나로 융합될 수 있도록 하기 위해 정치적·도덕적 결의를 어떻게 높은 단계로 고양시킬 수 있을까?

이 길고 복잡한 과정은 집단의 이해관계와 자신을 의식적으로 일치시키는 자기 규제적인 인격으로 귀착될 것이다. 체는 다양한 형태의 교육 활동에 기초하여 자기교육이 출현할 수 있는 토대를 마련해야 한다고 강조했다.

체는 사회적 강제를 그것의 합리적인 사용에서 출발하여 분석했다. 개인의 행동은 강력한 사회적 조건 속에서 이루어지는데, 만약 그렇게 행동해야 하는 이유에 대한 충분한 이해가 없으면 자신에게 기대되는 것을 알지 못한 채 정해진 행동 모델을 따라갈 위험이 있다. 그렇게 되면 위선과 기회주의가 난무하여 개인은 사회의 인정을 받으려고 하는 욕구나 자신이 속해 있는 환경과의 갈등에 대한 두려움에 사로잡히게 된다.

공동의 과업에 이바지하는 역량을 기르는 집단주의 교육의 과정은, 개인적인 결정을 할 수 있도록 개성을 풍부하게 하고 개인의 관점을 유지하게 하며 개인의 이익을 매우 만족스럽게 실현할 수 있게 하는 것을 전제로 한다. 〈새로운 인간 교육에 관한 토론을 위한 노트〉라는 논문에서 페르디난도 곤살레스 등은 다음과 같이 지적했다.

풍부하고 건설적인 집단주의는 개성과 분리되어 나타나는 것이 아니라, 다면적인 개성의 매우 개인적인 결의로 나타난다. 집단주의는 진지한 자기 결정에서 나오는 행동이다. 체의 말과 행동에 따르면, 혁명적인 사회적·정치적 결의는 지배적인 기준에 일치하는 단선적인 입장을 항상 유지하는 것이 아니라, 상황이 요구할 때에는 대의에 완전히 헌신하면서도 불일치를 알아차리는 것이다. 물론 이때 자신의 태도가 불러일으킬 수 있는 갈등 때문에 복수심을 갖거나 일에서 손을 떼어서는 안 된다.[7]

집단주의를 장려하기 위해 체는 집단 구성원들 사이의 비판적 분석에 천착하여, 구성원들이 통일된 행동을 성취하기 위해 자신의 주장을 논증하고 방어하는 것에 대해 깊이 연구했다.
이러한 성찰은 우리 쿠바의 사회주의적 인간 교육 이론에 커다란 중요성을 띤다. 우리는 때때로 이러한 집단주의적 자질을 형성하기 위해 어떻게 할 것인가에 대해 충분히 숙고하지 않았으며, 청년 학생들과 어린이들이 토론과 성찰을 통해 전체 집단에게 타당한 결론에 도달할 수 있도록 하는 사상운동을 충분하게 펼치지도 않았다. 이러한 작업을 통해 집단과 개인의 자기 규제 과정을 촉진하고, 구체적인 역사적 조건 속에서 사회 구성원으로서 강제를 줄이면서 저마다의 정당한 위치를 차지할 수 있도록 할 수 있다. 이러한 생각과 관련하여 체는 이렇게 강조한다.

갈등으로 인해 왜곡된 기성세대가 스스로 타락하지 않고 새 세대를 타락시키지 않도록 하는 것이 우리의 임무이다. 공식적 이념에 순종하는 월급쟁이를 만들어서도 안 되고, 이른바 '자유'를 행사하면서 국가 예산으로 사는 '장학생'을 만들어서도 안 된다. 진정한 민중의 목소리로 새로운 인간의 노래를 부를 혁명가들이 반드시 나타날 것이다. 하지만 그것은 시간이 필요한 과정이다.[8]

젊은이들을 교육하는 과정에서 위험 요소를 예방할 필요가 있다는 체의 이러한 생각은, 스스로 주장한 것처럼 젊은이들을 타락시키는 오류에 빠지지 않기 위해 늘 성찰하는 모티브가 되어야 한다.

"공식적 이념에 순종하는 월급쟁이" 또는 "국가 예산으로 사는 장학생"을 어떻게 해석할 수 있을까?

젊은 세대는 희생, 결핍, 가난, 차별이나 그 밖에 자본주의의 병폐를 겪을 필요가 없기 때문에 비판을 받거나 잘못된 것에 대한 싸움에서 수동적으로 되어 태도가 위축될 수 있고, 사회체제로부터 받은 권리와 이점을 잃을까 두려워 사회 개선을 위한 지속적인 성찰에서도 소극적으로 될 수 있는 위험이 있다고 체가 염려한 것이라고 생각한다. 이와 동시에 "국가 예산으로 사는 장학생"이란 말은, 개인들이 스스로 칭찬받을 만하니 국가가 자신들의 문제를 해결해 줘야 한다고 생각하는 위험과 관련될 수 있음을 알 수 있다. 그렇게 되면 사회주의 사회가 제공할 수 있는 권리나 이점을 스스로 찾거나 얻으려고 하는 개인들의 역량이 줄어들 것이기 때문이다. 이것은 간부들에게 다음과 같이 언급한 데서 분명해진다.

이 모든 것들에 공통분모는 정치적 명료함이다. 그것은 혁명의 대의를 무조건 지지하는 데 있는 것이 아니라 희생할 수 있는 커다란 능력을 갖추어 합리적으로 지원하는 것, 즉 모든 수준에서 풍부한 이론과 실천으로 혁명에 지속적으로 기여할 수 있는 변증법적 분석 능력을 갖추는 것이다.[9]

체가 "순종하는 월급쟁이"와 "국가 예산으로 사는 장학생"을 언급한 것은, 사람들이 늘 자신의 생각과 투쟁하여 사회에 도움이 되는 정신을 가진 노동자, 전사가 되도록 교육할 필요가 있다고 하는 점을 우리에게 일깨운 것이다.

집단주의라는 이념은 사람들을 수행중인 과업에 대해 겸허함과 헌신으로 이끈다. 자본주의 사회에서 만들어져 전승된 특징인 이기주의를 어떻게 물리칠 수 있을까?

> 우리가 성취해야 할 것은 이런 것입니다, 동지들! 우리의 의무를 깨닫는 것, 우리 자신을 잠시 잊는 것, 우리 작은 집단을 잊는 것, 우리에게 기대하는 모든 사람들을 위해 더 많이 일하고 더 많이 돌려주는 것.[10]

국가 지도자로서 체는 한 무리의 사람들을 참된 집단으로 전환하기 위해 어떻게 노동의 방법과 형식을 적용하는지 실천으로서 본보기를 보여 주었다. 그의 실천에는 그러한 목표를 달성하기 위한 행동에 필요한 요건들이 잘 드러난다. 보통 사람들이 엄두를 내지 못할 과업을 적극적으로 떠맡기, 결과에 대해 객관적이면서도 숨김없고 난해하지 않은 설명과 설득, 과업의 성공적인 완수에 대한 낙관주의, 각 개인들의 정확한 책임과 모든 집단 구성원의 동등한 권리와 의무, 비판적 분석, 즉 저마다 다른 사람들에게 배우면서 문제에 접근하기 위한 열린 토론과 다양한 기준, 모든 사람들이 동의한 일에서의 규율과 조직, 인센티브……. 특

히 조직에 관해서는 이렇게 강조했다. "조직이 없으면, 일이 추진
되는 처음의 생각이 점점 효력을 잃고 습관과 순응주의에 빠져
결국 처음 생각이 아련한 기억이 되고 말 것입니다."[11]

인간에 대한 사랑 또한 형성 과정에 있는 쿠바가 사회주의적
인간이 갖추어야 할 덕목이다. 부르주아 이데올로기는, 인간이
본디 이기적이며 자본주의 사회에서 자신과 생존을 위한 걱정
때문에 방어적으로 바뀌고 다른 사람에 대해서는 늑대가 될 수
밖에 없다고 말한다.

사회주의 건설 단계에서 휴머니즘적인 인간성을 형성하고자
할 때 나타나는 모순은 체가 깊이 파고든 문제였다.

> 이제 나는 개인을 정의하고자 한다. 사회주의를 건설하는 낯설고
> 열정적인 드라마에서 개인은 배우로서 독자적인 존재일 뿐 아니라
> 공동체의 구성원이라는 양면적 성격을 띠고 있다.
> 인간이란 아직 완전히 만들어지지 않은 미완성의 존재라는 점을
> 인식하는 것이 출발점이라고 나는 생각한다. 과거의 흔적이 현재의
> 의식에 반영되어 있으며, 그러한 흔적을 없애려면 지속적인 노동이
> 필요하다.[12]

인간에 대한 사랑의 감정은 어린이와 청년들의 교육에서 본질
적인 특징이지만 일상적인 실천에서 구체화될 필요가 있다. "이

러한 조건에서 혁명가들은 극단적인 독단주의나 차가운 스콜라주의에 빠지지 않고 대중으로부터 유리되지 않기 위해 숭고한 인간애, 풍부한 정의와 진리 의식을 갖추어야 한다. 혁명가들은 살아 있는 인간에 대한 이러한 사랑이 민중에게 본보기가 되어 민중을 움직일 수 있는 구체적인 행동으로 전환될 수 있도록 날마다 투쟁해야 한다."[13]

어린이와 청년들에 대한 사업에서 이 주제에 천착하는 것은 필수적이다. "살아 있는 인간에 대한 사랑"을 구체적 실천으로 전환하기 위해 어떻게 할 것인가?

우리는 흔히 청년과 어른들에게 휴머니즘이나 타인의 고통을 공감하고 도움이 필요한 사람을 도와야 한다고 역설하지만, 가정이나 학교, 일터, 길거리의 일상생활에서는 "살아 있는 인간에 대한 사랑"을 실천하지 않는다.

이 "살아 있는 인간"은 우리와 함께 살아가는 어린이, 청년, 어른, 노인들이다. 어린이들과 청년들 사이, 이들과 어른들 사이 또는 어른들 사이의 사적인 관계에서 학대나 무관심, 타인의 존엄 침해, 인간으로서의 권리에 대한 무례함이 있다면 그것은 우리에게 "살아 있는 인간에 대한 사랑"의 원칙이 부족한 때문이다.

가정과 학교, 일터는 이러한 가치가 발전하는 데 본질적인 요소이다. 우리는 다른 사람들을 지키기 위해 기꺼이 목숨을 바칠 수도 있지만, 자신의 지위에서 마땅한 질문을 해오는 사람들에게 잘못 대할 수 있다. 우리 스스로 서비스 노동자가 되어 그들을 상대해야 한다. 교사가 너무 큰 소리로 아이를 꾸짖을 때, 버스에서 노인에게 자리를 양보하지 않을 때, 부모나 교사로서 이해와 도움이 필요한 아이들과 충분한 의사소통을 하지 않을 때, 일터의 경영자나 지도자로서 우리가 노동자들의 문제를 잘 알지 못할 때가 그런 경우이다.

심리학이나 사회학 같은 다른 사회과학에서 사회적 규범이 일상적 실천으로 구체화된다고 하는 명제를 우리 교육학에도 도입해야 한다. 그렇게 해야 교육적인 행위가 어린이와 청년들의 삶에서 일상적인 요소와 결합할 수 있다. 이러한 특징을 분석하면서 체는 다음과 같이 말했다.

이렇게 말하는 것이 우스꽝스럽게 보일지도 모르지만, 진정한 혁명가는 사랑이라는 위대한 감정으로 움직인다. 그러한 자질이 없는 진정한 혁명가를 생각할 수 없다. ······[14]

인간성으로서 정직과 겸손, 소박함 같은 미덕은 에르네스토 게바라의 저작에서 늘상 등장하는 말이다. 그는 사람들 사이의 관계를 평가하면서 겸손의 의미를 명쾌하게 제시한다. 언젠가 대학생들에게 강연하면서 이렇게 말했다.

…… 몇 달 전 여러분들과 간단한 대화를 나눈 것을 기억합니다. 나는 여러분에게 민중과 접촉하라고 권했지요. 하지만 귀족 부인이 동전이나 던져주는 것처럼 지식의 동전을 던져주거나 어떤 형태로 든 도움을 주는 식이 아닙니다. 오늘날 쿠바를 통치하는 거대한 혁명가 부대의 일원으로서 나라의 실천적인 과업에 소매를 걷어붙이라고 한 것이지요. 그러한 실천적인 과업을 통해 각 분야의 전문가들은 저마다의 지식을 증진할 수 있게 되고, 강의실에서 배우는 흥미로운 모든 것들이 이 나라를 건설하기 위한 거대한 투쟁의 진정한 전장에서 건설하면서 배우는, 아마도 훨씬 더 흥미진진한 일과 하나로 연결될 것입니다.[15]

그는 우리의 개인적·집단적 행동에 대해 스스로 끊임없이 성찰함으로써 단점과 오류를 인식하고 그것들을 고쳐 나가야 한다는 점을 분명히 했다. "잘못을 해결할 수 있는 유일한 방법은 그것을 찾아내고 드러내는 것이다. 그렇게 하면 문제가 해결된다. 그리고 유일한 혁명적 방법은 우리의 잘못을 드러내 놓고 함께 토론하는 것이다."[16]

이러한 발상은 교육 이론에서 무척 중요한 통찰이다. 이런 생각을 교육과정에 구체적으로 적용하면 된다. 이것은 곧 어린이와 청년들이 바람직한 자질을 갖출 수 있도록 하려면 어떻게 대해야 하는지에 관해 성찰하는 문제가 된다.

때때로 학교 현장에서 교육자들은 학생들이 갖추어야 할 긍정적인 자질을 열망하는 나머지, 행동에서 어떤 잘못도 허용하지 않고 결점 없는 도덕 교육을 실천하려고 든다. 하지만 행동하는 개인은 잘못을 저지르기 마련이다. 중요한 것은 잘못을 인지하여 경각심을 느끼고 고쳐 나가는 일이다. 그렇게 함으로써 잘못은 학생들의 자기교육에 자국을 남긴다. 복잡한 교육과정에 있는 어린이와 청년들을 교육할 때 특히 이런 낙관적인 관점이 필요하다.

　…… 우리는 일을 통해 배우고 잘못을 통해 깨우치는 과제에 전념해야 한다. 우리는 잘못을 저지르지 않을 수 없다. 왜냐하면 늘다른 상황 속에서 새로운 일을 하고 있기 때문이다. 잘못을 저지르는 것은 죄악이 아니다. 다시 잘못하는 것, 그리고 잘못을 감추고 분석하지 않는 것이 죄악이다. 우리는 잘못을 끝까지 추적하여 곱씹고 성찰하여 다시 되풀이하지 않도록 해야 한다.[17]

잘못이 허용되지 않는다는 것을 알게 되면 학생들은 잘못을 감추거나 덮어 버리고, 급기야는 다른 사람에게 떠넘기려고 한다. 이런 그릇된 행동은 도덕적 위선을 불러온다. 이러한 위선이야말로 어떻게 해서든 우리 교육 환경에서 척결할 필요가 있다.

두려움 없이 열린 자세로 분석하는 것과 행동을 개선하려는 열망을 만들어 내는 것은 우리 학교교육에서 교육적으로 너무도 중요한 요소이다.

　우리는 내적인 완성을 위하여 어쩌면 집착하는 것처럼 일해야
한다. 매일 우리가 한 일을 솔직하게 분석하고 또 분석하여 잘못을
고치고 다음날 다시 시작해야 한다. 하지만 그것은 언제나 충분한
분석, 자기 분석이 있는 과업이 되어야 하며, 그런 만큼 자기비판이
충분히 이루어져야 한다. 왜냐하면 각자가 자신의 결점을 들추어
내어 고치기 위해 토론하는 데 익숙해져야만 자신과 집단의 개선
이 하나의 규율로 자리 잡을 것이기 때문이다.[18]

　체는 자신이 쓴 글에서 이러한 인간의 바람직한 자질 하나하
나에 대해 수많은 페이지를 할애하고 있으며, 가까운 사람들의
증언을 통해 수집한 수많은 실제적인 사례들을 제시하고 있다.
그들의 인간성은 일상의 행동에서 의식적으로 단련되었다. 우리
는 그들이 자기교육을 학습함으로써 교육의 최종 목표를 달성
했다고 말할 수 있다.

2 /

새로운
교육 방법

우리 나라가 건설하고 있는 새로운 사회에서 인간 교육을 위해 어떤 방법을 사용할 것인가?

이 질문에 대한 대답은 이미 언급한 에르네스토 게바라의 글 〈쿠바의 사회주의와 인간〉에 잘 나와 있다. "우리는 스스로 21세기 인간을 만들 것이다. 우리는 새로운 과학기술에 걸맞은 새로운 인간을 만들면서 일상적인 활동에서 스스로를 단련할 것이다."[19]

새로운 국가에서 인간 교육의 방법에 대한 결론은 두 가지다. 하나는 우리 고유의 방법이고 다른 하나는 새로운 방법과 기술이다. 이것은 인간 교육이 계급적 현상이며 역사적 구체성을 띤다는 법칙에서 나오는 해답이다.

교육 방법에 관해서는 많은 사람들이 이야기하고 글을 썼다. 논자들은 교육 방법을 저마다 다른 방식으로 나누어 분류하지만 의견이 일치하는 점은, 어떤 것에는 의식이 행동보다, 다른 어떤 것에는 행동이 의식보다 더 많이 작용한다는 것이다. 나아가 그들은 인센티브와 처벌을 보완적이라고 하면서 제3의 요소로 지적한다.

체는 교육 방법을 나누어 분류하는 방식이 아니라 총체적인 방식으로 이해했다. 누군가의 의식에 영향을 미치려면 사람들이 어떤 동기에 의해 촉발되고 노력과 희생을 요구하는 구체적인 과업에 관여해야 하며, 인센티브와 처벌은 실천적인 일에 결합되어 있는 일상적인 행동의 한 부분으로서 모든 교육 방법의 본질적인 요소라고 강조했다. 그는 설득과 본보기를 중요하게 생각했으며 창조적인 방식으로 사용했다. 이러한 분석을 위해서 몇 년 전 아다 아멜리아 아코스타 교수의 연구에서 끌어낸 몇 가지 기준을 활용하고자 한다.

게바라는 주로 연설과 편지에서 설득의 기법을 사용하고 있으며, 설득을 위한 성찰에서 폭넓은 주제들을 제시하고 있다. 주장하고, 논제를 제기하고, 논증하고, 예시하고, 투쟁하고, 선동하고, 해결을 위해 다양한 관점이 필요한 문제를 제기한다.

에르네스토 게바라가 이러한 방법을 사용한 중요한 대목은 연설을 할 때 듣고 있는 청중의 특성에 맞추었다는 사실이다. 그는 개개인과 집단의 관심에 맞춘 표현을 사용하여 동기 부여를 했으며 청중의 경험에서 도움을 받았다. 1967년 4월, 딸에게 보낸 편지의 한 대목은 이런 설득의 사례 가운데 하나다.

오늘 내가 쓰는 편지가 비록 아주 늦게 도착하겠지만, 내가 너를 잊지 않고 있으며 생일을 맞아 매우 즐겁게 보내길 바라고 있다는 점을 알아주었으면 좋겠다. 너도 이제 어엿한 숙녀가 되었으니 아이한테나 하는 것처럼 허튼소리나 사소한 거짓말로 편지를 쓸 수 없다는 걸 잘 안다.

아직 수년 동안 투쟁해야 하고 네가 어른이 되었을 때에도 투쟁에서 네가 맡아야 할 일이 있다는 점을 염두에 두어라. 그러는 동안 미리 준비하고 진정으로 혁명적인 사람이 되어야 한다. 네 나이에는 될 수 있으면 많을 것을 배우고 언제나 정의로운 대의를 지지할 준비가 되어 있어야 한단다. 또 엄마 이야기 잘 듣고, 매사에 아직 때가 아니라고 생각해서는 안 된다. 곧 닥치게 될 것이다.

너희 학교에서 최고에 들도록 노력해라. 모든 면에서 최고가 되는 것이 무엇을 말하는지 너는 알 거다. 학습과 혁명적인 태도, 즉 훌륭한 품행, 신중함, 혁명에 대한 사랑, 동지애에 이르기까지. 나는 네 나이 때 그러지 못했다. 사람들이 서로 적이 되어 싸우던 그런 사회에서 자랐기 때문이란다. 지금 너는 아빠와 다른 시대를 사는 특권을 누리고 있으니 그에 부끄럽지 않게 해야 한다.[20]

이 편지는 그 자체가 설득 방법의 과정을 잘 보여 주는 교육적인 글이다.

먼저 글쓴이는 읽는 이의 나이를 고려하여 자신의 언어와 생각을 맞추고 있다. 그는 청소년들이 아이라고 생각하지 않기에 어른으로 대우받고 싶어 한다는 것을 알고, 그렇게 여긴다는 것을 강조한다.

"너희 학교에서 최고에 들도록 노력해라"라는 표현은 교육적 메시지를 담고 있다. 그는 학교에서 최고가 되라고 말하지 않는다. 이것은 우리 부모나 교육자들이 때때로 자식이나 학생들에게 강조하는 건강한 요구이지만, 여기에는 개인주의의 유령이 도사리고 있다.

이 편지에서는 청소년의 심리에 대한 체의 통찰을 보여 주는 또 다른 대목이 눈에 띈다. 흔히 아이나 학생들이 더 나아지기를 원할 때 우리가 일반적으로 가르치는 것과 달리, 체는 딸에게 아버지가 자기 나이에 한 것을 모방하여 자기에게 배우라고 말하지 않는다. 정반대로 체는 숨김없이 솔직하게 쓰고 있다. 마치 사과하는 것처럼 고백한다. "나는 네 나이 때 그러지 못했다. 사람들이 서로 적이 되어 싸우던 그런 사회에서 자랐기 때문이란다."

덧붙여서 그는 청년들이 자기보다 나을 것이라고 확신하면서 그들에 대한 낙관주의와 신뢰를 드러내고 있다.

논쟁을 통한 설득의 사례는 1964년 호세 메데로 메스트레 씨에게 보낸 편지에서 볼 수 있다. 메스트레는, 체가 《우리의 산업 경제》(Nuestra Industria Económica)에 발표한 논문에서 공장을 관리할 때 사회주의적 효율성을 높이기 위해서 자본주의적 방법을 사용해서는 안 된다고 주장한 것과 의견이 일치하지 않았다.

내가 이 주제에 대해 모든 것을 말한 것도 아니고, 이런저런 모순에 대해 교황이 하는 식으로 "아멘"을 했다고 주장하는 것은 더더욱 아닙니다. 유감스럽게도 우리 민중 대부분의 눈에는, 그리고 내가 보기에도 그 문제에 대한 과학적 분석보다는 체제 옹호가 더 많은 것 같습니다. 이것은 사태를 명확히 하는 데 도움이 되지 않습니다. 우리의 모든 노력은 숙고를 통하여 이 중요한 원칙이 제 몫을 할 수 있도록 진지하게 마르크스주의에 접근하지 않으면 안 됩니다.

나는 깊은 고민이 담겨 있는 당신의 편지에 깊이 감사합니다. 우리가 견해를 달리하는 것은 아주 작은 것입니다.

당신이 언제 무언가 다른 일에 관해 말하고자 할 때는 내가 교사가 아니라는 점을 기억하시기 바랍니다. 나도 새로운 쿠바를 만들기 위해 지금 투쟁하고 있는 사람들 가운데 하나일 뿐입니다. 다만,

쿠바혁명의 어려운 시기에, 그리고 자유를 위해 투쟁하는 세계사에서 가장 극적이고 영광스러운 시기에 피델 곁에 있는 행운을 누렸던 것이지요. ……[21]

체는 이 편지에서 단순하고 분명한 방식으로 쟁점이 되는 문제에 대해 자신의 관점을 표현하고 자신의 기준과 주장을 제시하고 있다. 그러면서도 "나는 깊은 고민이 담겨 있는 낭신의 편지에 깊이 감사합니다. 우리가 견해를 달리하는 것은 아주 작은 것입니다"라는 말로 논객이 성찰할 수 있는 여지를 남겨 두고 있다.

체는 설득의 방법과 함께 교육 방법으로서 토론이나 논쟁, 그리고 서로 다른 견해들의 대립이 중요하다고 지적한다. 실제로 우리는 이러한 방법을 교육과정에서 충분히 사용하지 않고 있다. 우리는 학생들이 어린 나이 때부터 가치를 형성하고 내면화할 때 사상과 관점의 대립이 미치는 교육적 영향력을 충분히 활용하지 못하고 있는 것이다. 이러한 방식은 학생들이 사상을 수동적으로 흡수하는 것이 아니라 스스로 신념을 형성하는 밑바탕이 된다. 서로 다른 사상들이 학생들과 적극적인 대립을 거치게 될 때 더 견고하고 확실한 신념으로 변할 수밖에 없는 것이다.

이런 체의 편지는 논문 〈쿠바의 사회주의적 인간〉에 버금갈 정도로 교육자들이 설득을 통하여 납득시키는 어려운 기술과 방법을 만나고 발견할 수 있는 중요한 원천이다.

그는 강연이나 대담, 선전, 사적인 대화 등에서 설득을 다양한 방식으로 사용했다. 그는 노동에 대한 태도, 국제주의, 혁명적 비타협, 라틴아메리카주의, 집단주의, 일상적 영웅주의 등 혁명 과정의 선구자로서 쿠바에서 새로운 인간의 정치적·이데올로기적·도덕적 특징을 강조하는 수많은 주제에 접근했다. 우리는 사회교육에 대한 그의 기여를 다루는 다음 장에서 이 가운데 몇 가지 주제를 더 자세히 살펴볼 것이다.

여기서는 체가 교육 방법으로 사용하고, 동시에 인간 교육에 관한 자신의 연구에서 이론적으로 도달한 '본보기'(ejemplo)에 관해 살펴보고자 한다. 그는 "교육에서 가장 중요한 요소 가운데 하나가 본보기"[22]라고 강조하면서 이렇게 언급했다. "말하자면, 모든 혁명 과업에서 가장 중요하고 기본적인 것은 자신의 의무를 다하는 것이다. 가장 좋은 혁명 교육의 방법은 본보기를 통하여 자신의 의무를 완수하는 길을 보여 주는 것이다."[23]

쿠바에서 심리학이 도덕적 자질의 평가에 대한 어린이들의 태도 연구를 통해 도달한 결론은, 학생들이 도덕적 자질을 내면화하며 다른 사람들과 자신의 행동의 차이를 분석하고 비교함으로써 공통점과 차이점을 설명한다는 것이다.

학생들에게 영향을 끼치는 요인들로는 주위 사람들의 행동 방식을 비롯하여 역사적 위인들의 업적과 활동, 문학작품이나 영화의 주인공, 교사나 교수들, 그리고 특히 부모가 있다.

M. T. 부르케 같은 쿠바 연구자들은 1980년에 발표한 연구를 통해 이러한 것들의 긍정적·부정적 방식이 유치원 시기부터 어떻게 영향을 미치며, 동화의 인물이 어린이의 인격을 형성하면서 도덕적 가치관을 만드는 데 어떤 영향을 끼치는지 보여 주고 있다.

마찬가지로 청소년과 어른의 소통, 청소년기의 관심과 선호에 관한 연구들은 본보기가 되는 어른과 동시대인들이 그들의 세계관과 도덕적 신념을 형성하는 데 결정적인 영향을 준다고 평가하고 있다.

이와 비슷하게 분명해지고 있는 사실은 살아 있는 구체적인 본보기가 개인들의 행동에 커다란 영향을 미칠 뿐 아니라 어린이와 청년의 의식과 정서, 행동에 특히 큰 영향을 준다는 것이다. 이 때문에 교육 활동의 객관성과 설득력은 더 커질 수밖에 없다.

에르네스토 게바라는 교육 방법으로서 본보기의 중요성을 주장하면서도 동시에 자신만의 특별한 방식으로 그 효과를 분석했다.

그는 나라 안팎에서 역사적 위인들의 본보기가 어린이와 청년들에게 영향을 미치도록 하려면, 모방하기 힘들어 보이는 성인군자 같은 완전한 존재나 조각상이 아니라 아이들과 비슷한 사람으로 표현되어야 한다는 점을 분명히 했다.

체의 이러한 주장은 우리가 교육에서 '본보기'를 사용하는 방식을 되돌아보게 한다. 우리는 흔히 본보기를 잘못 사용함으로써 아이들이 우리가 의도하는 교육적 영향을 받지 못하게 되는 일이 있다고 생각한다. 체의 이미지에 관해서도 이런 일이 벌어지고 있다. 우리는 자주 그를 우리와 다른 무결점의 완전한 존재로 제시함으로써 많은 어린이들이 모방하려는 시도를 하지 못하게 만들고 있는 것이다.

에르네스토 게바라는 설득의 방법으로 본보기를 사용하는 방법에 관해 뚜렷한 교훈을 남겼다. 그의 저작을 통해 몇 가지 특징을 구분하면 다음과 같은 것들이 있다.

* 청중의 이해 수준에 따라 인물이나 사건을 제시한다.
* 인간 존재로서 접근할 수 있도록 그러한 인물의 미덕과 결점을 함께 분석한다.
* 성찰을 위해 필요하다고 생각되는 점을 강조한다.
* 생각과 행동의 결합을 드러낸다.
* 대개 사람들은 비슷하기 때문에, 본보기와 비슷하게 되는 것이 불가능하지 않다는 것을 보여 준다.
* 청중의 경험에 바탕을 둔다.

교육 방법으로 본보기의 구실을 분석할 때 체는 호세 마르티의 다음과 같은 연구에 의존하고 있다고 생각된다. "인간은 태양보다 더 완전한 존재가 될 수 없다. 태양은 열을 내는 동시에 빛을 내면서 탄다. 태양에는 흑점이 있다. 배은망덕한 사람들은 오직 흑점만 이야기하지만 은혜를 아는 사람들을 빛에 대해 말한다."[24]

1960년 1월 28일 체는 어린이들에게 호세 마르티에 관해 얘기하면서 나이에 맞게 본보기를 받아들이는 방식을 보여 주었다. 다음 인용문을 보면 그가 그러한 방법을 적용하기 위해 연구한 요건들이 어떤 것인 잘 알 수 있다.

오늘 호세 마르티 탄생 기념일을 맞아 이야기를 시작하기 전에 여러분에게 경고할 일이 있습니다. 조금 전 '체 게바라 만세!'라는 외침을 들었습니다. 그런데, 여러분 가운데 아무도 오늘 '마르티 만세!'라고 외칠 생각을 하지 않더군요. 이것은 옳지 않습니다.

옳지 않다고 말하는 데는 여러 가지 이유가 있습니다. 마르티가 그랬듯 오늘 투쟁하고 지도하는 체 게바라와 모든 사람들이 태어나기도 전에, 쿠바 민중을 해방하는 이 모든 노력이 있기 전에, 마르티는 태어났고 오늘 우리가 실현하고 있는 이상을 위해 고통을 감내하다 죽었습니다.

더욱이 마르티는 우리 혁명의 정신적 지도자였습니다. 그는 우리가 경험하고 있는 역사적 사건들을 공정하게 해석하기 위해 언제나 필요한 말을 남겼습니다. 그가 남긴 말과 실천은 우리가 조국에서

무엇인가 중요한 것을 말하거나 행하려고 할 때마다 머릿속에 떠올려야 할 것입니다.[25]

그러고는 이렇게 말을 이어 갔다.

마르티의 아름답고 완벽한 표현, 게다가 무엇보다도 그의 적절한 말을 인용함으로써 그에게 존경을 표시할 수 있습니다. 하지만 마르티가 "말을 가장 잘하는 방법은 행하는 것이다"라고 역설했을 때, 그가 하고자 했던 방식 때문에 그를 존경할 수 있고 또 존경해야 마땅합니다.

대부분의 사람들은 (아마도 어느 누구도) 마르티가 될 수는 없을 것입니다. 하지만 우리 모두 마르티를 본받아 우리 힘이 닿는 데까지 그가 걸어간 길을 따를 수는 있습니다. 오늘 우리의 행동 방향을 정하기 위해 마르티를 이해하고 되살리는 것……[26]

체는 마르티를 본보기로 묘사하면서 그를 최근의 혁명가 사례들과 동일시함으로써 자신의 생각이 유효함을 보여 주고 있다. 예컨대 혁명군의 소년 장교인 혁명청년단장 호엘 이글레시아스가 그런 경우이다. 또 시에라마에스트라 시절의 크리스티노 나란호의 경우는, 그의 사상과 일하는 방식을 오늘날의 혁명가와 비교함으로써 보여 주고 있다.

여러분이 우리 카밀로를 기억하듯이, 오늘의 언어로 현재를 말하고 생각한 마르티를 기억해야 합니다. 그의 말은 위대한 사상가와 혁명가의 장엄함이 있어 나이를 먹지 않기 때문입니다.

오늘, 마르티의 말은 박물관에 있는 것이 아니라 우리 투쟁에 결합되어 있습니다. 우리의 표상이자 전투 깃발입니다.[27]

아이들과 나눈 이러한 대화에서 체는 교사나 부모, 이웃처럼 사적으로 잘 알고 지금 가까운 곳에 있는 사람들을 통해 마르티의 본보기가 가진 힘을 볼 수 있다는 사실을 입증하고자 했다.

1961년 5월 8일, 체는 기테라스 추모 행사에서 한 연설에서 고인의 업적을 분석하면서 이렇게 말했다.

안토니오 기테라스는 북아메리카 어머니를 둔 고국의 아들로서 작은 집단으로 에스파냐 제국주의 군대에 대항하여 습격할 줄 알았던 저 맘비(쿠바 독립 전사 - 옮긴이)의 정신을 되살렸습니다. 역사의 단계가 변함에 따라 적들의 살상 기술이 향상되어 자신의 작전이 더 이상 통하지 않는다는 것을 잊어버림으로써 최후를 맞이했지만, 그의 정신은 여전히 맘비의 정신입니다.[28]

본보기로 제시하는 인물을 다룰 때, 체는 항상 그 인물의 미덕과 잘못을 동시에 보여 준다. 먼저 그 인물을 현실에 존재하는 불

완전한 인간으로 제시한 다음 그러한 잘못이나 부족함을 뛰어넘는 그 인물의 미덕을 끌어내어 분석한다.

이와 관련하여 1964년 10월 28일 건설부에서 체가 카밀로 시엔푸에고스에 대해 한 말이 좋은 사례라고 할 수 있다.

우리는 규율 문제, 즉 게릴라 부대 안에서 태도 문제를 놓고 서로 충돌했습니다. 그때 카밀로는 잘못했습니다. 그는 성격이 까다로웠고 규율을 잘 지키지 않았습니다. 하지만 그 점을 재빨리 깨닫고 고쳤습니다. 그가 세운 일련의 공적으로 이름이 전설로 남은 후에도 나는 그를 게릴라로 발굴했다는 사실에 자부심을 느끼고 있습니다. 그가 오늘날 전설이 된 공적을 세우기 시작한 것은 우리 부대에 배속되어 전위 분대를 지휘하면서부터였습니다.

카밀로를 살아 있는 인간으로 기억하는 우리가 항상 그에게 매료되는 것은 모든 쿠바 민중이 그에게 매료되는 것과 마찬가지입니다. 그의 천성, 그의 성격, 그의 기쁨, 그의 솔직함이 우리를 매료시켰지요. 그는 가장 큰 위험에도 불구하고 그야말로 자연스럽고 단순하게 언제나 목숨을 바칠 각오를 하면서도 스스로 용기나 지혜가 있다고 조금도 뻐기지 않았습니다. 그러면서 게릴라 전쟁 시기의 막바지에 이르렀을 때 의심의 여지없이 모든 게릴라 가운데 가장 훌륭한 전사였음에도 불구하고 모든 이들과 친밀한 동지였습니다.[29]

한때 규율을 어기던 한 인간이 어떻게 혁명적 규율의 본보기가 되고 영웅이 될 수 있는지 체는 잘 보여 주고 있다.

체는 미덕과 잘못을 분석할 때, 잘못은 우리가 따라 해서는 안 되지만 반드시 인식해야 한다고 말한다.

…… 그리고 그의 영향력, 그의 혁명적 행동의 영향력은 우리가 날마다 저지르는 수많은 실수들, 우리가 날마다 저지르는 잘못과 나약함을 바로잡기 위해 지금도 유효하고 앞으로도 영원히 유효할 것입니다.[30]

그는 인간의 선한 본성을 실재적인 의미로 분석함으로써 청중들에게도 그러한 선한 본성이 있다는 것을 보여 준다.

하지만 오직 개인적인 천재성 덕분에 믿기 어려운 공적을 이룬 예외적인 영웅으로 카밀로를 보아서는 안 됩니다. 그 또한 그를 교육한 민중 가운데 하나로 보아야 합니다. 민중은 그가 활동한 것과 같은 엄정한 상황에서 벌인 전투에서 선발된 수많은 전사 가운데에서 자신들의 영웅이나 순교자, 지도자를 만드는 법입니다.[31]

또 어떤 자리에서, 에르네스토 게바라는 오늘날 청년들에게 요청되는 미덕을 끌어내기 위해 우리 독립전쟁에서 큰 무공을 세

운 사람들을 본보기로 들었다. "안토니오 마세오에게는, 한 인간
으로서 천재적 군인으로서 일생에 가장 중요한 두 순간이 있었
습니다."[32]

체는 '바라과 저항'(Protesta Baraguá, 1878년 3월 15일 안토니오
마세오가 에스파냐와 체결한 산혼협정을 거부하고 쿠바 중부 도시 바
라과에서 봉기한 독립전쟁-옮긴이)과 '침략'을 말하고 있다. 하지만
그가 마세오의 사례를 통해 강조하는 것은 동시대와 관련된 것
이다. 말하자면, 자신이 현재로 데려온 마세오는 청동 동상의 거
인이 아니라 실현할 수 있는 이상을 가진 인간이다.

　　…… 왜냐하면 안토니오 마세오나 마르티, 고메스의 모든 말은 제
　　국주의에 맞서 싸우고 있는 오늘 우리의 투쟁 단계에도 적용되기
　　때문입니다. 그들의 모든 삶과 업적, 그들의 최후까지도 하나같이
　　민중의 해방을 향한 긴 여정을 안내하는 이정표인 것입니다.[33]

체는 과거에 일어난 상황을 발굴하여 청년들이 미래를 결정
하는 데 도움을 줄 수 있는 예시로 제시하고 성찰할 수 있도록
했다. 1871년 11월 27일 의과대학 학생 처형 사건 추념식에서 그
는 말했다. "…… 하지만 만약 우리가 잠깐이라도 동요하거나 예
기치 않은 참사가 일어나 식민지 권력이나 제국주의 권력이 다
시 쿠바를 지배하게 된다면 어떻게 될 수 있는지 우리 민중이 항

상 마음속에 간직할 수 있도록 이 사건을 기억하는 것이 좋습니다."[34]

긍정적인 본보기도 부정적인 본보기와 마찬가지로 모방될 수 있다는 점을 의식하면서, 그는 스스로 분석하고 의식적으로 비교할 수 있는 능력을 고려하는 동시에 사람들이 옳은 본보기 쪽으로 향하도록 하는 동기를 만들 필요성에 대해서도 성찰하고 있다.

좋은 본보기도 나쁜 본보기와 마찬가지로 전염성이 무척 강합니다. 우리는 사람들의 양심을 건드려 호소하고 좋은 본보기를 전염시킬 수 있다는 것을 보여 주어야 합니다. 권력을 잡고 있을 때, 혁명의 최종적인 목표가 분명할 때, 목표의 정당성과 추구하는 노선에 대한 믿음이 있을 때, 혁명이 할 수 있는 것을 보여 주어야 합니다……[35]

체는 본보기를 교육적인 과정으로 전환하기 위해 해야 할 일을 다음과 같이 말했다. "…… 본보기를 이해하지 못하는 모든 사람들에게, 심지어 아직 본보기를 내면화하지 못하는 사람들에게 그것을 설명하고 생생하게 보여 주어야 합니다. 그래서 본보기가 조금씩 그들에게 필요한 것이 되도록 해야 합니다."[36]

이 모든 것들은 교육적 실천에서 본보기의 활용에 대해 성찰할 것을 요구한다. 접근하기 힘든 분석으로 제시되어 공리로 취급될 때, 듣는 이의 연령대에 맞지 않거나 동기나 관심 영역과 일치하지 않을 때, '살'이 없어 만질 수 없고 접근하기 힘들고 동시대적인 것이 아닐 때, 그러한 본보기는 교육적인 효력을 잃게 된다. 본보기가 때때로 엄밀하게 일반적이고 형이상학적인 의미로 사용되기도 한다. "그가 행한 것처럼 하라," "그의 좋은 점을 모방하라," "그처럼 되어야 한다" 같은 말은 본보기의 교육적 의미를 부정하는 표현이다.

모든 개인은 물론 서로 다 다르고 복제될 수 없다. 모방하려는 경향은 한 개인과 그 개인이 매력을 느끼고 공감하며 만족을 주는 앞선 사람과의 관계로 표현된다.

본보기를 교육 방법으로 사용하는 교육자는 정말로 고심해야 하며, 그 효과를 거두기 위해 어린이와 청소년의 심리에 관해 깊은 지식을 갖추어야 한다.

체는 본보기의 방법을 개인의 실천적 활동에 결합시켜야 함을 알고 있었다. 말과 행동을 통일시키고 신념을 일상생활에 결합시키는 것은 교육의 이론과 실천을 연계하는 올바른 방식이다. 그는 이렇게 말했다. "이 때문에 우리는 여러 차례 청년들과 어려운 문제에 봉착했습니다. 왜냐하면 청년들은 베어야 할 사탕수수를 모두 베지 않았으며 자발적 노동에 참여하지 않는 일이 잦았기 때문입니다. 요컨대, 우리는 이론만으로 지도할 수 없으며 장군

들만으로 이루어진 군대를 가질 수는 더더욱 없습니다."[37]

그는 본보기와 실행 사이의 관계를 깊이 분석하면서, 일상의 활동이 어떻게 본보기에서 나오는 사상의 전제를 개인들이 확실하게 받아들이도록 할 수 있는지 평가했다.

인간의 의식과 가치관은 일상적 실천을 통해서 형성된다. 따라서 본보기는 여기에 영향을 미치는 요인으로서, 지적·신체적 창조와 생산의 과업에서 일어나는 일들을 구체적으로 보여 주어야 한다.

체는 청년 공산주의자들이 다른 사람들에게 미치는 교육적 영향력에 관해 이렇게 지적한 바 있다.

…… 살아 있는 본보기가 되십시오. 공산주의청년동맹에 가입하지 않은 동료들이 비춰보는 거울이 되고, 젊은 열정과 삶에 대한 믿음을 잃어버렸지만 본보기를 접하면 항상 긍정적으로 반응하는, 나이든 어른들이 스스로 비춰볼 수 있는 그런 본보기가 되기 바랍니다. 이것은 청년 공산주의자들의 또 다른 과제입니다.[38]

오늘날 공산주의청년동맹은 청년 대중과 어른들로부터 상대적으로 소원했던 시기를 지나 1962년에 체가 지적한 그러한 역할을 하고 있다. 이 조직의 동원력은 지도자와 구성원들의 본보기를 결합할 수 있다는 가능성 때문에 어린이와 청년, 어른들에게 교육 수단이 되고 있다. 공산주의청년동맹은 기쁨과 열정에서 앞서갈 뿐 아니라 논밭에서, 산업 노동 과업에서, 서비스에서, 기술과 과학에서 맨 앞자리에 서 있다.

이제 에르네스토 게바라의 연설문 가운데 인간 교육에서 본보기와 사회적 실천의 역할을 폭넓고 깊게 천착한 부분들을 발췌하여 제시하고자 한다. 이렇게 하는 의도는 독자들이 체의 교육 사상이 나온 자료에 직접 다가갈 수 있도록 하기 위해서이다. 이렇게 하는 것이 그의 저작을 연구할 수 있는 유일한 방식이지만, 이 책의 지면이 제한되어 있기에 전부를 다 옮길 수는 없다.

1960년 9월, 국제노동봉사대를 환송하는 자리에서 체는 이렇게 말했다.

쿠바의 경험에서 배울 게 많이 있습니다. 매일 볼 수 있는 모든 것과 민중이 드러내는 열정이나 정열과 같은 좋은 것들뿐 아니라 나쁜 것에서도 배울 게 있습니다. 또한 언젠가 여러분이 나라를 이끌어가게 될 때 우리가 저지른 잘못을 되풀이하지 않기 위해 배울 수 있으며, 조직이 민중의 승리에 밀접하게 연관되어 있어야 하고 조직이 잘 되어 있을수록 승리가 더 수월해진다는 것을 배울 수 있을 것입니다.[39]

그리고 나중에 다음과 같이 덧붙였다. "이것을 본보기로 제시하려는 의도는 없습니다. 다만 우리는 두 팔을 벌려 이것을 하나의 역사적 사실로 제시하고자 합니다."[40]

체는 교육 방법으로 본보기의 역할을 역설했지만 단순히 그것을 사용하는 데 그치지 않았다. 자신의 삶과 행동 자체가 언제나 다른 사람들의 본보기가 되었다. 다시 말하면 그 자신의 행동은 그와 함께했던 사람들에게 교육 수단이 되었으며 오늘날에도 그의 삶과 저작을 공부하는 사람들에게 본보기가 되고 있다. 쿠바 사회주의의 지도자이자 건설자로서 노동에 대한 무조건적인 헌신, 배우고자 한 열망, 마르크스레닌주의에 대한 신념, 성실성과 겸손함과 소박함, 애국주의와 국제주의······.

여기에 대한 많은 증언들이 있다. 본보기를 통한 설득을 보여주는 사례 중 하나는 그의 아버지 에르네스토 게바라 린치가 쓴 〈내 아들 체〉에서 발견된다.

아바나에 도착했을 때 우리에게는 가진 돈이 많지 않았다. 서둘러 여행을 떠나왔기에 수중에 돈이 얼마 없었던 것이다. 운전병이 딸린 차 한 대를 쓸 수 있었지만, 에르네스토는 기름 값을 정부가 아니라 우리가 직접 치르게 하라고 단호하게 지시했다.[41]

후안 알메이다 보스케는 또 다른 사례를 들려준다.

우리가 체의 가장 두드러진 특징을 덧붙일 게 있다면 그것은 바로 항상 혁명 과업과 창조적인 일에서 본보기가 되는 행동으로 우리에게 깊이 각인한 인상적인 개성이다.

동료들에 대한 관심과 이해. 평등 관념과 정의감. 겸손과 소탈함. 언제나 다른 사람들을 위한 희생정신. 이념과 원칙에 대한 헌신. 자기 규율. 어떤 과업을 성공적으로 완수하기 위해 스스로에게 다그치는 본보기가 되고 부하들을 격려하는 성격. 이 모든 것에서 보인 그의 대담성과 용기는 더 말할 필요도 없다……[42]

베트남 지도자 보 응옌 지압은 다음과 같이 말했다.

체 게바라는 우리 시대 새로운 인간의 참되고 유일한 근거가 되는 혁명적 영웅주의의 위대한 본보기입니다. 그것은 삶에 대한 민중의 신성한 권리를 위해, 전 세계 노동자들의 평화와 행복을 위해 끝까지 싸우는 것입니다.……[43]

체와 함께 투쟁한 볼리비아 게릴라 인티 페레도의 아내 마틸데 하라는 이렇게 말한다.

인티는 체가 다른 모든 사람들과 다를 바 없었고 무척 소탈했다고 내게 말했습니다. 행군할 때 그는 맨 앞에 섰으며 짐이 있을 때는 먼저 배낭을 짊어졌지요. 사람들이 그러지 못하도록 말리곤 했지만 그는 모든 사람이 똑같이 해야 한다고 말했습니다.

인티는 체가 모든 사람들에게 본보기였다고 하면서, 아이들을 키울 때는 그런 생각과 그런 본보기로 가르쳐야 한다고 내게 늘 말하곤 했습니다.[44]

우리가 제시할 수 있는 이러한 증언들은 호세 마르티의 격언을 의식적으로 성취한 에르네스토 게바라의 삶과 업적을 새삼 확인해 주는 것 이상도 이하도 아니다. "행하는 것이 말하는 가장 좋은 방법이다."[45]

3

학습과 노동의
결합

노동 활동은 개인에게 필수적인 것으로서 체가 깊이 고찰한 문제였다. 그의 자발적 노동 개념은 인간 교육의 이론에서 중요한 부분이다.

학습과 노동에 대한 의무감을 넘어서는 자발적 노동의 필요성은 개인에게 어떻게 발전되는가? 자발적 노동이 개인에게 근본적인 활동이 되는 때는 인생의 어느 시기인가?

노동, 특히 집단적 목표를 추구하는 집단 노동에 대한 숭배가 개발되어야 합니다. 우리는 도로나 교량, 부두, 제방을 건설하고 도시

학교를 짓는 과업에서, 언제나 혁명을 사랑하는 마음으로 함께 참
여하는 자원봉사대의 창설을 힘차게 추진해야 합니다.[46]

이러한 말은 오늘날 노동분견대의 선구에 해당한다고 생각할
수 있다. 사회적 실천과 관련된 이론에서 학습과 노동의 결합은
쿠바의 사회주의적 인간 교육에 관한 체의 분석에서 중요한 위치
를 차지하는 주제이다. 그는 이러한 생각을 마르티와 마르크스,
레닌한테서 배워 사회주의 건설 단계에 있는 새로운 나라의 구체
적인 상황에 적용했다. 그는 여러 차례 반복해서 강조했다.

위대한 진리가 발견되었습니다. …… 마르크스주의가 발견한 절
대적 진리를 무시할 수는 없습니다. 창조되거나 독단으로 제시된
것이 아니라 사회 발전에 대한 분석을 통해 발견된 것입니다. 그러
나 거기에는 고유한 조건들이 있기 때문에 쿠바 사회주의통일혁명
당은 이론을 창조적으로 다루어야 할 것입니다. 혁명당은 이론에
부합할 뿐 아니라 우리가 투쟁하며 살아가는 이 나라의 구체적인
상황에 맞게 실천해야 할 것입니다.[47]

에르네스토 게바라는 학습과 노동의 결합과 자발적 노동 참여
를 말할 때 기본적으로 이론적 토대에서 다루고 있지만, 당시 쿠
바 사회의 맥락에 조응하는 뉘앙스를 포착하고 있다.

학습과 노동의 이러한 결합을 청년들에게 필요한 것으로 어떻게 전환할 것인가 하는 문제가 분석 목표였다. 그는 개인들에게 그러한 결합이 일어나는 내적 과정을 네 단계로 구분했다. 곧 사회적 강제, 이해, 내적 필요성, 실현의 즐거움이다. 그는 이러한 단계들이 긴 과정의 결과라는 점을 지적했다. 이러한 단계를 거치는 동안 개인들은 그러한 노동이 사회적 의미를 가지며 그 때문에 자신에게 이익이 되는 것으로 인식하고 주체적으로 참여하게 된다는 것이다.

오늘날 모든 단계에서 이루어지는 학습은 또한 청년들의 과제입니다. 동부 지방에서 커피콩을 따면서 공부하는 청년들의 경우처럼 학습과 노동의 결합, …… 그것은 희생을 요구하는 것이지만 청년들이 즐겁게 하는 일이기도 합니다. ……[48]

이미 1962년에 표현된 이러한 생각은 아마도 우리 나라 농촌 학교의 선구가 아닐까?

이것은 공산주의를 준비하는 청년들에게 가장 적합한 교육 방식입니다. 이런 교육 방식에서는 노동이 자본주의 사회에서 그랬던 것처럼 강박이 아니라 기분 좋은 사회적 의무가 됩니다. 그리하여 이제 노동은 참여자들이 모두 서로 북돋우고 격려하는 인간적 접

측 속에서 가장 친근한 동료애를 느끼며 즐겁게 혁명의 노래를 부르면서 이루어집니다.[49]

대학에서 이 문제를 언급하면서, 그는 사회주의적 인간의 가치와 신념을 품은 지식인이나 기술자 교육을 하는 유일한 방법으로서 대학생들이 사회적 실천과 결합하고 생산에 종사하는 노동자와 접촉할 필요성을 지적했다.

대학의 중요한 의무 가운데 하나는 바로 민중 속에서 전문적인 실천을 하는 것입니다. 분명한 것은 민중 속에서 이러한 조직적 실천을 하려면 민중과 직접 연결된 국가 조직이 방향을 잡고 계획하는 데 도움을 주어야 하며, 더 나아가서는 국가 조직을 뛰어넘는 무언가가 필요합니다. ……[50]

아마도 이러한 분석은 오늘날 우리 나라 고등교육기관의 학자나 장차 전문가로 성장해 갈 사람들이 실천해야 하는 기본 전제가 아닐까?

그는 청년들이 학습하고 스스로 준비할 뿐 아니라, 노동자 민중을 진정한 혁명가로 교육하는 과업에 자신의 학습을 결합하는 사회적 의무를 완수해야 한다고 강조했다.

체는 숙달된 설득 방법을 통해 청년들에게 학습에 관한 태도와 제국주의에 대한 혁명적 태도 사이에 놓여 있는 관계를 보여 준다. 만약 청년들이 문화와 과학, 기술을 학습하여 준비하는 이러한 사회적 의무를 완수하지 않으면, 이 나라는 진정으로 해방될 수 없으며 제국주의의 위험이 점점 커질 거라고 경고했다.

그 때문에, 매일 우리를 노골적으로 공격하고 위협하는 양키 제국주의에 직접 맞서고 있는 이 투쟁의 시기에 학생들의 과제가 무엇보다도 중요하다는 점을 다시 한 번 강조하고 싶습니다. 여러분들은 새로운 사회의 진정한 건설자가 되기 위해 학습에 박차를 가해야 합니다. ⋯⋯[51]

초등학교 어린이부터 대학생에 이르기까지 다양한 수준의 학생들과의 만남에서 그는 우리 나라와 같은 사회에서 학습은 사회적 의무임을 강조했다. 사회적 의무에 대한 체의 이러한 개념에 천착하여 오늘날 그것이 모든 청년들에게 어느 정도까지 적용되는지 점검할 필요가 있을 것이다. 체는 학생들의 기본적인 활동을 평가하면서, 청년기에 학습을 열심히 하지 않는 것이야말로 사회에 대한 의무를 다하지 않는 것이라는 결론에 도달했다.

그는 어린이들에게 이렇게 말했다. "⋯⋯ 여러분이 자연을 통제할 수 있게 해주는 과학기술을 익힐 수 있도록 열심히 학습하기 바랍니다. ⋯⋯"**52**

중고등학생이나 대학생들을 만났을 때는 또 이렇게 말했다.

오늘 우리는 우리의 의무가 무엇인지도 기억해야 합니다. 지금 동무들에게는 오직 하나의 의무만 있습니다. 그것은 바로 학습하는 것입니다. 이 학습의 의무를 다함으로써 여러분은 이 사회에 대한 모든 부채, 현재 사회에 대한 빚과 현재 사회를 만들기 위해 희생한 모든 영웅들에게 진 빚을 갚는 것입니다. 그리고 이유도 모른 채 죽어야 했던 저 가난한 학생들에게 우리 모두가 진 빚, 30여 년 동안의 부단한 투쟁으로 우리 국민을 형성한 위대한 영웅들에게 우리가 진 빚, 메야(Julio Antonio Mella, 1903~1929, 쿠바 공산당 창건자)와 트레호(Rafael Trejo González, 1910~1930, 마차도 독재에 항거하다 사망한 학생)에서 에체베리아(José Antonio Echeverría, 1932~1957, 쿠바 대학생연맹 의장)와 프랑크 파이스(Frank País García, 1934~1957, 쿠바혁명 시기 농촌 게릴라 투쟁과 연계하여 도시 봉기를 조직한 혁명가)에 이르기까지, 투쟁의 마지막 몇 년 동안 목숨을 바친 이 시대의 학생 영웅들과 수많은 청년들에게 우리가 진 빚을 갚는 것입니다. 그들이 그렇게 한 것은 이 캠퍼스 계단의 존귀함을 위한 것이었고 이 대학을 비롯한 쿠바의 모든 대학의 존귀함을 위한 것이었습니다. 그리고 틀림없이 그들은 모든 사람들, 농민과 노동자, 백인과 흑인 등 차별 없이 자기완성을 위해 배우고자 하는 모든 사람들에게 오늘날처럼 대학의 문이 열릴 수 있도록 하고, 새로운 지식으로 출세하기 위해서가 아니라 우리를 기르고 생활 자원을 주고 우리를 교육하는 이 사회에 우리 모두가 진 이 작은 빚을 갚기 위해 그렇게 한 것입니다.

학습은 여러분의 유일한 의무입니다. 그래서 여러분은 모든 순교자들과 지금도 그러한 투쟁에서 죽어 갈 동료들을 존경하는 것입니다. 여러분은 자기완성을 위해 하루하루 더욱 열심히 공부하는 한편, 어려운 시기에 모든 쿠바의 공장과 학교, 예술 작업장, 대학이 여러분의 도움을 기대한다는 사실을 기억해야 합니다. 여러분은 일분일초도 놓쳐서는 안 됩니다. 왜냐하면 우리 모두는 미래를 향해 나아가고 있고, 미래는 기술과 문화, 드높은 혁명 의식을 요구하기 때문입니다.[53]

그는 나라의 경제적·과학적·문화적 발전이 요구하는 노동자와 기술자, 전문가가 되기 위해 준비하는 어린이와 청년들의 학습은 물론, 노동자들의 학습이 시급하며 각 노동 분야에서 꾸준히 지식을 향상시켜야 한다는 점을 깊이 있게 분석했다.

학습과 노동의 결합은 체에게는 특별한 개념이었다. 그는 자신을 사례로 보이면서 노동자들에게 그 의미를 일깨웠다.

1964년 11월, 에르네스토 게바라는 이렇게 말했다.

요즈음 '초등학교 졸업 학력을 위한 투쟁'이라는 슬로건이 있습니다. 하지만 몇 년이라고 특정하려는 것은 아닙니다만 몇 년 안에 단순히 초등학교를 졸업하는 것만으로는 문맹을 벗어나지 못할 것입니다. 초등학교 졸업을 목표로 삼은 채 팔짱만 끼고 있지 말고 특히 청년 여러분이 모두 앞으로 나아가야 합니다. 또한 어른들도 문맹에서 벗어날 수 있도록 노력해야 합니다. 왜냐하면 혁명이 엄청난 속도로 진행되고 있기 때문입니다. 만약 초등학교를 마쳤다고 해서 거기에 안주하면 바로 다시 문맹이 된 자신을 발견하게 될 것입니다. ……

그래서 청년들은 (나 자신도 청년의 범주에 들어간다고 생각합니다만) 학습하고 또 학습해야 합니다.

우리는 눈이 아프다거나, 읽기 없다거나, 피곤하다거나, 안경이 없다거나, 감시가 심하다거나, 아이들 때문에 잠을 못 잔다고 핑계를 대서는 안 됩니다. 이 모든 것들은 게으른 사람들이 하는 말입니다. 무슨 일이 있더라도 어떤 핑계도 대지 말고 공부해야 합니다.

잘 기억하기 바랍니다. '어떤 핑계도 대지 말고'라는 말은 어떤 도덕적 핑계도 대지 말라는 것임을 새겨 두기 바랍니다. 왜냐하면 아무도 여러분에게 학습하라고 총을 겨누지 않습니다. 학습은 단지 하나의 혁명적 의무이기 때문입니다.[54]

매일매일의 자기 개발은 개인들에게 필요한 것이 되어야 한다. 에르네스토 게바라는 스스로 학습하고 독서하고, 저마다 하는 일과 관련된 최신 성과를 탐구하는 것이 우리 사회를 발전시키는 열쇠라고 생각했다. "…… 학습은 일상적인 일이 되어야 합니다. 처음에는 필요해서 시작할 수도 있고 강제로 시작할 수도 있지만, 여러분이 좋아하게 되면 나중에는 습관이 될 것입니다."[55]

그는 한 걸음 나아가 노동자들의 자기 개발이라는 폭넓은 관점을 평생학습이라는 개념으로 덧붙이고 있다.

현직 노동자들의 연수는 가장 초보적인 교육 수준에서 작업장에서 시작합니다. 우선 가장 오지에 여전히 남아 있는 문맹을 없애고, 다음에 3학년 과정을 마친 노동자들을 위한 후속 과정을 개설합니다. 더 높은 수준의 노동자들을 위해 초급 기술 과정을, 일정한 자격을 갖춘 노동자들에게는 중급 기술자가 되기 위한 과정을, 각 분야의 전문가와 관리자들에게는 대학 과정을 개설합니다. 혁명 정부의 의도는 우리 나라를 거대한 학교로 전환하는 것입니다. 그래서 성공적인 학습이 개인의 능력을 계발하여 경제적으로뿐만 아니라 사회에서 도덕적 위치에서도 개인들의 처지를 향상하는 데 근본적인 요소가 될 것입니다.[56]

스스로 이러한 신념을 행동으로 옮긴 본보기의 증거는 에르네스토 게바라의 변치 않는 학습 태도에 대한 살바도르 빌라세카 교수의 분석에서 찾을 수 있다. 체의 수행단 일원으로 이집트 카이로를 여행하던 중에 체는 빌라세카가 수학 교수라는 사실을 알고는 그에게 배우고 싶다고 도움을 청했다. 빌라세카 교수는 그때 일을 이렇게 회고했다.

나중에 잊어버릴 줄 알았죠. 그런데 그게 아니었어요! 귀국하고 2주 쯤 지난 뒤 국가토지개혁청(INRA)의 산업국으로 나를 불렀어요. 우리는 매주 두 차례 수업을 하기로 했지요. 그가 국립은행에 있을 때는 우리 사무실에 가까워 밤 시간에 짬을 내어 수업을 했어요. 그 뒤 산업부 장관 시절에도 계속되었죠. 1965년 봄 그가 떠나기 전날까지 우리는 5년 동안 같이 공부했어요. 체는 처음에는 대수와 삼각법 같은 고등학교 기본 수학 정도밖에 몰랐고 그 가운데 잊어버린 것도 있었어요. 결국 미분방정식만 남겨 둔 날이 왔죠. 그 후로 나는 더 이상 가르칠 것이 없었어요. 그런데 체는 늘 그랬듯이 열정적으로 경제학에 응용되는 수학 기법인 선형 프로그래밍을 가르쳐 달라고 했어요. 그러나 나는 그 부분은 잘 모른다고 대답했지요. 그랬더니 사령관은 곧장 이렇게 말했어요. "상관없어요, 우리 같이 공부해 나갑시다!"라고. .그래서 우리는 함께 공부했어요.

또 학생으로서 게바라 사령관은 어땠는가 하는 질문에 빌라세카 교수는 이렇게 대답했다.

　말을 잘 듣고 영리한 학생이었죠. 그는 강철 같은 의지로 수업에 한 번도 빠지는 법이 없었어요. 수학에 특별한 재능이 있었죠. 우리는 다양한 방식으로 수업을 했어요. 체는 항상 칠판을 떠나지 않았죠. 내가 먼저 예시를 하면 그는 한 문제씩 차례로 풀었는데, 문제를 해결할 때까지 분필을 손에서 놓지 않았어요. 아무리 어려운 문제라도 그는 풀 때까지 결코 그만두지 않았죠.[57]

4

교육과
과학기술

에르네스토 게바라는 교육과 사회 발전의 관계를 명쾌하게 분석한 20세기 사상가 가운데 한 사람이다. 그는 지난 세기의 세계 정치경제 문제에 관한 지식과 아메리카 여러 나라의 사회적 삶에 대한 체계적인 분석을 토대로 우리 아메리카 공화국들의 발전에서 교육과 과학의 역할에 관한 자신의 견해를 형성했다.

그는 젊은 의대생 시절에 절친한 친구인 의사 알베르토 그라나도와 함께 오토바이를 타고 아메리카 여러 나라들을 처음으로 여행하면서 기록을 남겼다. 여행 일지 속에는 이 땅에 사는 가난한 사람들의 생생한 현실과 불평등의 원인을 발견하는 과정이 담겨 있다.

여행 일지를 나중에 다시 정리하면서 그는 자신이 일지를 기록했던 그 사람이 더 이상 아니라고 썼다. 몇 달간의 생생한 여행 경험은 그처럼 충격적이었고 삶에 대한 인식이 그만큼 깊어졌던 것이다. 여행 일지를 읽으면 그가 아메리카 여러 나라의 기아와 불평등, 문맹, 착취, 빈곤에 맨몸으로 맞닥뜨렸다는 것을 알 수 있다. 그것은 교육에 대한 그의 주장을 분석하는 데 하나의 출발점이 된다고 하겠다.

체의 사상은 총체적인 것이 특징이다. 그의 정치적·경제적·사회적 개념들과 과학기술 발전의 관계는 상호 밀접하게 연결되어 있다. 뿐만 아니라 그는 그러한 개념들을 일관되게 실천으로 옮겼다.

이런 행동 방식은 새로운 인간 교육과 기술 발전이 새로운 사회 건설을 떠받치는 버팀목이 된다고 하는 그의 관점에서 나온다. 〈쿠바의 사회주의와 인간〉에서 그는 분명하게 말한다. "두 측면 모두에서 우리가 해야 할 일이 많지만, 기본적인 토대로서 기술 문제의 경우는 무턱대고 나아가는 것이 아니라 세계에서 앞선 나라들이 잘 닦아 놓은 길을 따라가는 것이다."[58]

1961년 산업부 장관 시절, 산업 발전의 청사진을 검토하고 필요한 과학기술 발전 노력을 분석할 때 그는 초기 혁명적 과정의 구체적 현실에 그것들을 연관 지었다.

게바라의 진단은 다음과 같은 여러 가지 요인을 고려하여 나온 것이었다. ① 중요하고 복합적인 산업 분야에서 미국에 대한 기술 의존의 정도, ② 종래의 원료나 장비, 부품 공급을 차단하는 제국주의의 봉쇄, ③ 기술자들이 대부분 나라를 떠남으로써 생겨난 기술 인력의 부족, ④ 노동자들의 불충분한 기술적·문화적 수준.

과학기술 발전의 일반적이고 개념적인 문제뿐 아니라 구체적이고 분명한 방향을 결정하는 과제도 체의 청사진에서 중요한 요소였다. 1962년에 그는 이렇게 밝혔다.

우리의 목표는, 빠르게 성장하고 있으며 다가올 세대의 산업 세계에서 얼굴이 될 그러한 산업 분야에 하루빨리 진입하는 것입니다. 전통적인 산업을 과소평가하지 않으면서도 점점 빠르게 발전하고 있는 새로운 산업 분야에 각별한 관심을 기울여야 합니다. 이러한 새로운 산업은 특히 화학, 전기, 정밀기계, 새로운 금속 소재 같은 분야와 매우 밀접하게 연관되어 있습니다.[59]

그래서 에르네스토 게바라에게 초등교육부터 중등교육, 기술교육, 대학교육에 이르기까지의 교육과 과학과 기술은 한 나라의 발전을 위해 서로 떼려야 뗄 수 없는 삼위일체를 이룬다. 1962년, 《우리의 기술 산업》이라는 잡지에서 그는 당시로서는 놀랍고 오늘날에도 여전히 의미 있는 주장을 펼쳤다.

…… 우리는 이 땅의 구체적인 상황, 우리 나라의 자원, 우리의 문화적 환경과 현재의 발전 단계에서 나오는 기술을 개발할 준비를 해야 합니다. 그리하여 우리 기술자들의 창조성과 과학이 도달한 기술이 허용하는 최대한으로 이 땅의 생산물을 쿠바와 전 세계시장에 내놓아야 합니다.[60]

그는 나중에 이렇게 주장했다. "민중에게 봉사하는 과학은 사회주의로 이행하는 데 큰 도움이 됩니다. 우리는 몇 년 안에 우리가 발전시킬 앞선 과학을 기초로 한 우리 고유의 기술로 일어설 수 있을 것입니다."[61]

발전도상국의 과학에 관한 그의 사상은 1964년 과학아카데미에서 한 연설에서 아주 분명하게 표현되었다.

오늘날까지 이어져 온 건축 양식은 가능한 한 잊어버리고, 다만 내다버릴 수 없는 기본적인 기둥들만을 이용해야 합니다. 그래서 이것과 선진국의 경험을 토대로 선구적인 과학을 발전시켜야 합니다. 이를테면, 현재의 전기 기술에서 출발하여 선진국 수준에 도달해야 합니다. 예컨대 원자물리학 분야에서 우리의 초보적인 수준에서 출발하여 현대적인 수준으로 끌어올릴 준비를 해야 하며 일반 화학 분야도 마찬가지입니다.

…… 또 농업 분야에서도 마찬가지로 작물에 관한 화학과 유전학 연구가 현재 수준에서 시작하여 더 앞선 수준으로 이루어져야 합니다.[62]

체의 이러한 사상을 바탕으로 오늘날 쿠바는 생명기술과 의학, 약학 분야에서 괄목할 만한 성과를 내는 과학연구소가 수백 곳을 헤아림으로써 발전도상국 가운데 두드러진 위상을 차지하고 있다.

쿠바에서 거대한 전국적 문자해득 운동이라는 문화적 위업은 민중에 대한 교육과 훈련을 시작하는 기초를 닦았다. 단 1년 만에 모든 민중의 참여 속에서 문맹을 퇴치한 성과는 성인들이 초등학교 수준과 중학교 수준에 도달할 때까지 교육을 계속하는 토대를 놓았다. 체는 이렇게 강조했다.

기술과 과학을 강조하는 것과 더불어, 발전 전망이 의존할 수 있는 기본적인 지주 가운데 하나는 바로 숙련입니다. …… 모든 수준의 간부들은 미래의 지도적 간부들을 발견하고 계발하는 데 각별한 관심을 가지고 과학적·기술적·기능적 훈련을 해야 합니다. 이러한 필수적인 것들이 보완되지 않으면 어떤 계획도 한낱 꿈에 지나

지 않을 것입니다.[63]

산업화 과정에 대처하기 위해서는 모든 노동력을 빠르게 숙련 시키려는 각별한 노력이 요구된다. 이 점과 관련하여 체가 한 말이 있다.

현대 산업은 날이 갈수록 고도의 숙련과 높은 기술 문화를 요구합니다. 생산도구와 생산과정이 점점 복잡해지고 자동화되고 있습니다. 물론 현재의 설비로 더 나은 산출을 얻기 위해 숙련이 필요하지만, 동시에 새로운 공장을 건설하는 계획이 결정적으로 중요합니다.[64]

저발전 상태에도 불구하고 국가의 필요에 따라 현대 과학 분야의 연구소들이 설립되고, 약학과 생명공학 같은 특정 분야에서는 크나큰 발전이 있었다. 이러한 분야에서 대학을 갓 졸업한 유능한 청년들이 조만간 다가올 과학의 변화와 전환에 전위가 될 수 있을 것이다.

교육과 과학기술을 통일적으로 보는 이러한 개념은, 일정한 분야에서 쿠바가 이룬 발전과 성과에 에르네스토 게바라가 크게 기여했음을 보여 주는 것임에 틀림없다.

이러한 관점은 하나의 질문을 제기하고 있다. 라틴아메리카의 가난한 나라들에서 문맹과 그로 인한 문제를 해결하지 않고 발전을 입에 올리는 것이 과연 가능할까? 교육과 과학기술의 진보 없이 경제 발전을 이룰 수 있을까?

5

적성이란
무엇인가

삶을 준비하기 위한 인간 교육의 요소들 가운데 체는 적성이
라는 개념을 특별히 중요하게 분석했다. 교육학자나 심리학자들
은 일정한 활동에 대한 선호를 적성이라고 정의한다. 하지만 인
간이 적성을 타고난 것인지 아니면 계발하는 것인지를 놓고 논쟁
이 계속되고 있다.

"무엇을 타고났다"와 같은 표현이 논쟁 대상이다. 수년 전부터
어린이와 청년들의 직업교육 시스템에서 개인의 관심과 사회적
필요 사이에 나타나는 모순을 해결하기 위한 지속적인 노력이
이루어지고 있다. 비비아나 곤살레스 같은 이들이 수행한 수많

은 연구는, 청년들의 일차적인 관심을 끌 수 있는 특정한 성향이 있으며 활동을 통해 그러한 관심이 확장될 수 있음을 보여 준다.

에르네스토 게바라는, 적성이란 생산 활동이나 사회 활동과 직접 맞닥뜨린 결과라고 주장했다. 생산 활동과 사회 활동 속에서 관심사가 형성되고 특정한 과업이나 직업에 대한 긍정적 평가가 생긴다는 것이다. 그는 이렇게 말했다.

한번은 누군가가, 직업이란 적성의 산물이며 그러한 적성은 내면적인 것이라서 바뀔 수 없다고 저한테 말했습니다. …… 나는 이런 주장이 틀렸다고 생각합니다. 하나의 개인적 사례가 통계적으로 보면 별 의미가 없다고 생각하지만, 나는 처음에 대학에서 공학 공부를 시작했지만 결국 의사가 되었으며, 그 후 사령관이 되었고 지금은 논평가로 여러분 앞에 서 있습니다. 기본적인 적성은 있습니다. …… 하지만 오늘날에는 다양한 과학 분야가 엄청나게 분화되어 있는 동시에 서로 밀접하게 연관되어 있어서 누구라도 지적 발전의 여명기에는 자신의 진정한 적성이 무엇인지 정확하게 파악하기 어렵습니다. ……[65]

주어진 적성과 직업 선택 사이의 관계를 두고 그는 이렇게 말했다.

새로운 직업을 배분할 때나 기존의 직업을 재조정할 때 적성은 최소한의 역할밖에 할 수 없습니다. 그 이유는 내가 전에 말한 바와 같이 우리 사회의 커다란 요구가 있을 뿐 아니라 요즈음에는 수백 수천, 아니 수십만 명의 쿠바인들이 의사나 기술자, 건축가 등에 적성을 가지고 있더라도 그저 학비를 낼 수 없어 그렇게 될 수 없기 때문입니다. 말하자면, 개인의 성격 가운데에서 적성이 결정적인 역할을 하는 것은 아닙니다. ......[66]

체가 제기한 이러한 관점에서 몇 가지 결론을 끌어낼 수 있다.

* 학생들에게 다양한 직업의 실천적인 토대와 접촉할 수 있도록 지식과 실천 활동의 폭을 확대할 필요가 있다.
* 사회적 필요에 조응하는 개인적 관심을 확대할 필요가 있다.
* 연관된 직업들의 다양성이 확대될 수 있도록 주어진 기본 적성들 사이의 관계를 정립할 필요가 있다.

교육자들은 기초 적성이라는 개념에 천착해야 한다. 비록 여러 직업들이 서로 크게 다를지라도 특정한 직업을 선택하는 개인들의 행동에 공통적인 특징을 연구할 필요가 있는 것이다. 예컨대, 사람을 다루는 것을 좋아하는 취향, 즉 사람과 접촉하여 즐거운 관계를 맺고 소통하기를 좋아하는 적성은 교사, 의사, 심리학자, 사회학자, 예술가 같은 직업에 공통적으로 기초가 되는 적성이다. 공간 관계나 형상, 입체에 대한 감수성은 화가, 건축가, 도시공학자, 조각가, 기계 제작자, 도시계획가, 목수 같은 직업에 공통적으로 나타난다.

체는 특정한 일이나 직업에 대한 교육 범위를 상세하게 분석했다. 그는 현대 과학 간의 상호 관계에 대한 깊은 연구에 기초하여 노동자와 전문가의 대체적인 윤곽을 그린 선구자였다.

…… 내가 이렇게 주장하는 이유인즉, 요즘 세상의 특징 가운데 하나는 (내가 잘 아는 직업을 예로 들면) 신장 전문의가 종종 안과 의사나 정형외과 의사와 극단적으로 분리되어 있기 때문입니다. 그러나 이 세 전문 직종은, 물리학자나 화학자가 물질의 현상을 이해하기 위해 공부하는 것처럼 세 분야에 공통적인 일련의 요소들을 공부할 필요가 있습니다. 그래서 오늘날에는 (아마 아직도 고등학교에서는 내가 학생이었을 때 그랬던 것처럼 물리학과 화학을 구분하겠지만) '물리화학'이라는 말을 사용하는 것입니다. 물리와 화학을 잘 이해하기 위해서는 수학을 잘 알아야 합니다. 다른 측면에서 말하면, 이처럼 모든 직업에는 학생들이 공통적으로 습득해야 하는 이런저런 최소한의 지식이 있는 것입니다. 그렇다면 오늘 막 대학 새내기로 입학한 우리 동료가 7년이나 6년, 5년 동안의 힘든 과정을 거치면서 미처 생각지도 않은 지식을 습득할 수도 있는데, 졸업 후 정형

외과 의사나 형사 사건 전문 변호사가 될 것이라고 미리 어떻게 가정할 수 있겠습니까? 우리는 언제나 개인들이 아니라 대중을 준거로 생각해야 한다고 나는 생각합니다. 물론 우리는 모두 개인들이고 각자의 개성을 지키고 각자의 기준을 유지하는 것이 천번 만번 필요하지만, 한 나라의 필요라는 관점에서 보면 개인들에 근거해서 생각하는 것은 일종의 범죄입니다. 왜냐하면 개인들의 필요는 이 개인들로 구성된 인간 집단의 필요 앞에서 어김없이 녹아들기 때문입니다.[67]

이러한 사상은 이 주제에 관한 앞으로의 연구에 원용할 가치가 있다. 여기서는 체의 관점만 다루는 데 그쳤지만, 앞으로 이 주제에 깊이 파고들어 교육 실천을 숙고하는 데 그의 사상을 참고할 필요가 있다.

**chapter
02**

사회교육학과
민중교육

'체 게바라 저작집,' 특히 그의 연설과 강연을 오랫동안 읽어 가면서 우리는 그가 관계를 맺은 전사, 노동자, 공무원, 학생, 지도자, 농민, 지식인 등 성인들에게 주는 교육적 메시지가 있다는 사실을 알게 되었다. 그래서 우리는 그가 사상을 형성해 나간 방식을 조사함으로써 그의 저작이 함축하고 있는 의도와 그가 사람들과 나눈 대화에서 드러나는 생각을 분명히 밝히고자 한다.

1960년 8월, 의사들 앞에서 한 강연에서 체는 사람들과 소통하는 방식과 민중교육의 필요성을 역설했다. 그가 연설에서 그러한 목표를 명시적으로 언급한 대목을 보자.

…… 그래서 우리는 이러한 상황에서 어떻게 이런저런 방식으로 교육자가 되고 나아가 정치가가 될 필요가 있다는 점을 알게 될 것입니다. 우리가 가장 먼저 해야 할 일은 민중에게 다가가서 단순히 우리의 지식을 전달하는 것이 아니라, 새로운 쿠바를 건설하는 이 위대하고 아름다운 공동의 경험을 실현하기 위해 우리가 민중과 더불어 배우러 왔다는 것을 보여 주는 것입니다.[1]

이러한 메시지에서 우리는 그가 사회사업을 통한 민중교육의 필요성을 꿰뚫어 보고 있으며 민중교육을 근본으로 삼고 있다는 점을 잘 알 수 있다. 배우는 사람들, 즉 우리가 가르치는 사람들 한테서 오히려 교육받고 배우기도 해야 한다는 얘기다.

이러한 주장은 1960년대 라틴아메리카에서 강력하게 떠오른 민중교육 사상과 크게 다르지 않다. 그는 성인들, 특히 교육받지 못한 사람들에게 다가가서 살아가는 환경을 변화시키는 역할을 인식하는 것을 목표로 삼았다.

최근 수십 년 사이에 교육학에서 새로운 분야가 출현했습니다. 그것은 사회교육학이라고 불리고 있는데, 여전히 그 실재에 대한 논쟁이 계속되고 있습니다. 지금부터 이와 관련하여 약간 살펴보고자 합니다.[2]

1

민중교육

교육학 개념들 가운데 종종 우리가 언급하지 않을 수 없는 주제 가운데 하나는 교육이 본질적으로 사회적 현상이라는 것이다. 교육의 사회적 성격은 교육의 일반적 개념과 깊이 관련되어 있을 뿐 아니라 학교제도나 교육 실천 자체와 같은 구체적인 문제에서도 나타난다. 그 이유는 교육 실천 과정이 매우 다양한 동기와 이유를 띠고 다양한 상황 속에서 상호작용하는 개인들 사이의 복잡한 관계로 구체화되기 때문이다.

어린이와 청년 교육의 경우 사회적 성격은 작은 공동체(교실이나 학교 등)를 토대로 현실화된다. 교실에서 교사와 학생은 사회가 요구하는 규범에 따라 저마다의 역할을 수행하는데, 그러한 공동생활 속에서 사회적 규범이 유지되고 계획되고 개선된다. 성인의 경우에는 작업장이나 사회적 공간에서 사회화와 공동생활 과정을 통해 사회적 성격이 드러난다.

교육의 사회적 성격에서 근본적이고 결정적인 요소는 인간성에 내재해 있다. 교육과정은 그 기원이나 구성, 본성에서 확실하게 사회적 산물이다. 그러나 교육이 본질적으로 사회적 성격을 가지고 있지만 동시에 매우 복잡한 모습으로 나타난다. 왜냐하면 교육과정은, 사람들에게 강력한 압력을 가하거나 조성하는 사람이 다양하고 광범한 사회적 힘을 행사하는 가운데 이루어지기 때문이다.

사회화를 사회교육과 혼동하지 않기 위해 두 개념의 차이를 분명히 해둘 필요가 있다. 사회화와 사회교육은 둘 다 과정이면서 동시에 결과가 될 수 있다는 점에서 공통적이다. 차이점을 보면, 사회화는 대체로 자동적이어서 교육적이든 아니든 사회적 접촉을 통해 스며듦으로써 대개 눈에 띄지 않는 반면에, 사회교육은 의도적이어서 일정한 규칙 속에서 교육기관이나 작업장, 사회단체에 중심을 두고 보통 명시적인 방식으로 이루어진다. 사회화는 사회학이, 사회교육은 교육학이 다룬다.

사회교육학에 관해서는 다수의 학문적 연구가 있다. 1850년에 디에스터베르그가 사회교육학에 관한 저작에서 처음 제목을 붙인 것을 효시로 볼 수 있다. 그는 사회교육의 내용과 과제를 지칭하기 위해 이 용어를 처음 사용했지만 이 주제에 관한 이론적·과학적 분석을 하지는 않았다. 또 이보다 먼저 코메니우스와 페스탈로치는 다소 다른 관점에서 사회교육의 난제와 대결했다. 18세기 말과 19세기 초에 그들은 루소와 달리 사회적인 것과 개인적인 것이 서로 보완적 요소로서 인간 교육에서 통합된다고 생각했다. 이 두 사람은 비록 사회교육학이란 말을 사용하지도 않았고 체계적으로 연구하지도 않았지만 이 주제의 핵심에 접근했다는 점에서 사회교육학의 진정한 선구자라고 할 수 있다.

로렌조 루주리아가에 따르면 사회교육학이 이론 또는 과학적 분과가 된 것은 아주 최근으로, 19세기 말 폴 나토르프의《사회교육학》이라는 책에서였다. 이 저작은 엄밀하게는 철학 책이지만 이 책이 나온 뒤에 많은 사람들이 사회교육학이라는 용어를 사용하게 되었다. 루주리아가는 이렇게 쓰고 있다.

····· 하지만 사회교육학의 이러한 경향이 이론적·과학적 형식으로 표현되기 훨씬 전에 거의 모든 역사적인 교육학자와 교육자들은 철학적이거나 정치적인 관점이기는 하지만 저런 방식으로 사회교육 문제를 다루어 왔다.[3]

그는 또 이렇게 덧붙였다.

사회교육학의 역사적 발전에서 고전적 교육학의 선구자 또는 원조라고 부를 수 있는 플라톤에서 페스탈로치에 이르기까지, 그리고 근대 교육학에서 사회교육학의 기초를 확립하고 새로운 이론을 만든 나토르프에서 오늘에 이르기까지 많은 사람들이 있다.[4]

　또한 인간의 본질과 사회 속에서 교육의 역할을 발견한 카를 마르크스가 사회교육학에서 과학적 방법론으로 기여했다는 점은 의심의 여지가 없다.

　오늘날 사회교육학은 엄밀한 교육학 분과로서 새롭게 자기 정체성을 찾고 있다. 어떤 사람들은 시민교육학이라든지 공동생활을 위한 교육학이라고 부르기도 했지만, 이런 개념들은 우리 견해로는 한계가 있다.

　이러한 선구적인 성과와 연구들에 기초하여 보면 사회교육학의 목표는 사람들이 삶의 모든 단계에서 올바르게 발전하고 성공적으로 사회화하는 데 필요한 도움을 충분하게 제공하는 것이라고 할 수 있다. 따라서 사회교육학은 그러한 목적을 달성하기 위해 적절한 사회교육을 연구하고 설계하며 실행하는 것이다.

　사회화란 개인들이 일생 동안 자신을 둘러싸고 있는 문화적 형식과 내용을 습득하고 내면화하여 자신의 인성에 통합하고 스스로 사회의 능동적인 일원으로 점진적으로 편입될 수 있게 하는 사회적 학습의 내적 과정으로 이해할 수 있다.[5] 반면에 사회교육이란 단순히 사회에 편입되거나 적응하는 것이 아니라 개인이 관계를 맺고 있는 외부적인 모든 것과 더불어 주체 자신도 타고나거나 획득한 자원을 가지고 함께 개입하는 역동적이고 통합적인 과정이며, 이러한 교육과정이 인간을 발전시키고 최적화하는 데 기여한다는 점을 강조할 필요가 있다.

따라서 우리가 지적할 수 있는 것은 사회교육학이 첫째로 개인들이 사회화 과정에서 주도적인 개척자가 될 수 있도록 하며, 둘째로 어떤 난관이나 문제가 되는 역동적인 사회적 힘 때문에 개인들의 필수불가결한 사회화 과정이 일탈하거나 실패하지 않도록 사회사업을 통해 노력한다는 점이다.

요컨대, 사회교육은 두 가지 목표를 가지고 있다. 하나는 개인들에게 순조로운 사회화를 보장하는 것이고, 다른 하나는 사회사업에서 제기되는 교육적 측면을 보증하는 것이다.

이 모든 점을 염두에 두면, 에르네스토 게바라가 이론과 실천 양면에서 쿠바의 사회교육을 주창했다고 확신할 수 있다. 그의 사회교육은 특히 청장년 성인들의 노동 생활에 개입하여 영향력을 행사했다.

체는 성인들이 적절하게 사회화할 수 있도록 의도적으로 다양한 방법을 사용하면서 그들과 더불어 노동에 참여했다. 그리하여 개인들이 저마다 사회화 과정을 통해 고유한 사회적 성장을 이룰 수 있도록 했으며, 만약 그러한 과정에서 어긋나거나 실패하면 재사회화할 수 있도록 했다.

이론적 관점에서 보면, 체는 사회화 과정의 역동성뿐 아니라 그 중개자와 요소들에 포함되어 있는 심리적·사회적 측면까지 연구했다. 이런 연구를 위해 그는 곳곳에서 조직적인 방법을 사용했는데, 그중에는 민중방송대학에서 한 강의, 관료나 정치 지도자들과의 대담, 노동자들이나 전문가들과 나눈 대화, 편지, 신문 기고문 등이 있다.

이러한 그의 모든 대화 속에서는 일정한 원칙이 드러난다.

* 상대하는 집단과 연령, 지역적 성격에 확실하게 맞춘다.
* 구체적인 것에서 시작하여 문제를 분석하고 논박하며 반론을 제시한다.
* 스스로 함께 일하는 집단의 일원이 된다.
* 상대하는 집단에서 배운 것을 새로운 학습의 기초로 이용한다.
* 지속적으로 나타나는 모순들을 분명하게 해둔다.
* 정서에서 나타나는 감정적인 것을 합리적인 분석과 결합한다.
* 자그마한 주관적인 낙관주의라도 사회적 발전을 위한 목표와 결합한다.
* 획기적인 사회적 반향이 있는 모든 성공 사례를 개인들과 연결한다.

이러한 방법론적 요소들을 보여 주는 대목을 몇 가지 뽑아 보면 다음과 같다.

첫 번째 사례로 1959년 1월 29일 '우리시대모임'(Sociedad Nuestro Tiempo, 1950년에 결성된 청년 예술 문화 단체 - 옮긴이)에서 민중교육을 위해 행한 에르네스토 게바라의 공개 강연을 들 수 있다. 강연은 지식인들을 대상으로 한 것이었는데, 주제는 혁명군의 사회적 파급력이 갖는 특징이었다.

문맹도 섞여 있는 '미천한' 사람들로 이루어진 혁명군에 관해 지식인들에게 어떻게 말해야 그 사회적 파급력을 이해하고 그때까지 이 나라에서 인식되고 있던 억압적 군대의 이미지를 바꿀 수 있을까? 지식인들의 사고방식을 바꾸기 위해 충분하고 객관적인 주장을 어디서 찾아서 어떻게 제시할 수 있을까?

시작하는 말에서부터 우리는 교육가로서 능력의 징후와 표현을 볼 수 있다. 그는 청중이 강연자인 자신과 자신의 생각에 관심을 가질 수 있는 요소를 찾았다. 체는 이렇게 말문을 열었다. "여러분에게 나를 소개한 사회자가 적절하게 말한 바와 같이, 오늘 저녁 호세 마르티를 떠올리지 않을 수 없습니다. 우리가 혁명군의 사회적 파급력에 관해 말하는 것은 바로 마르티가 꾸었던 꿈을 구체적으로 가리키는 것이라고 생각합니다."[6]

이어서 그는 연설문의 10페이지에 걸쳐 그란마호 원정대를 꾸려 출항한 때부터 1959년 1월 1일에 이르는 혁명 과정을 매우 홀

룡하게 요약했다. 이것은 쿠바의 역사를 가르치는 데 이용할 수 있는 귀중한 사례이다.

그는 사람들이 잘 알지 못하는 일화를 하나 소개했다. 처음 만난 집단 가운데 사회적 파급력을 갖추지 않은 채 자신의 행위를 기존의 정부를 바꾸기 위한 모험으로 생각한 사람들의 내면에 관한 이야기였다. 그는 '사회적 파급력'이 무엇을 의미하는지 청중에게 한 치의 의심도 남기지 않았을 정도로 아주 단순하지만 감동적인 표현으로 그 개념을 설명했다.

그란마 원정 이전에 그 사람들이 가졌던 사회적 파급력은 완전히 달랐습니다. 그란마 이전 7·26운동 내부에서 첫 번째 분열이 있기 전, 몬카다 병영 공격에서 살아남은 동지들이 모두 함께 있을 때였습니다. 멕시코의 어느 집에서 친밀한 토론을 하던 중에 내가 쿠바 민중에게 혁명적 프로그램을 제시할 필요가 있다는 주장을 하고 있었던 것으로 기억합니다. 그런데 몬카다 공격에 참여한 어떤 사람이 (나중에 다행히도 7·26운동을 떠났습니다) 내가 지금도 기억하고 있는 말로 반박했습니다. 그는 내게 이렇게 말했지요. "문제는 매우 단순합니다. 우리가 해야 할 일은 쿠데타를 감행하는 겁니다. 바티스타는 미국에 백 번의 양보를 받아 냈죠. 우리는 미국에게 백한 번을 안겨 주는 겁니다." 그의 주장인즉 권력을 탈취하자는 얘기였습니다. 쿠데타를 하는 것은 원칙에 기초해야 하며, 마찬가지로 권력을 장악한 다음 무엇을 할지 아는 것이 중요하다고 내가 주장했지요. 이러한 생각이 7·26운동 초창기 구성원의 생각이었습니다. 이미 말한 바와 같이, 다행스럽게도 그는 같은 생각을 하던 사람들과 함께 우리 혁명운동에서 떠나 다른 길로 갔습니다.[7]

이 일화를 언급할 때 보인 체의 성실함과 솔직함, 단순함은 청중의 주의를 집중시키기에 충분했다. 그런 다음 그는 혁명군의 성격에 관해 깊이 있게 파고들어 그 미래를 내다보았다.

…… 하지만 지금 우리는 우리 혁명군이 쿠바 영토를 온전히 방어한다든지 하는 새로운 임무를 수행할 능력을 아직 갖추고 있지 못하다는 현실을 직시해야 합니다. 우리는 하루 빨리 혁명군을 재조직해야 합니다. 왜냐하면 지금의 혁명군은 농민과 노동자들이 (이들 중 많은 사람들은 문맹이고 기술 훈련을 받지 못했죠) 무장하여 형성된 집단이기 때문입니다. 대원들이 떠맡아야 할 숭고한 과업을 수행할 수 있도록 이 군대를 기술적·문화적으로 훈련시켜야 합니다. ……

이미 우리는 거의 대부분 호세 마르티의 정신과 가르침으로 채워진 시 암송으로 그들에 대한 교육을 상징적으로 시작했습니다.[8]

혁명이 성공한 지 29일밖에 되지 않는 그 시점에서, '모든 민중

의 전쟁'이라는 오늘날 개념을 미리 말한 것은 어떤 청중들에게
는 위험하고 소란을 일으키는 결과를 불러왔을 것임에 틀림없다.
하지만 체는 분명하고 확신에 찬 어조로 말했다.

모든 쿠바 민중은 게릴라 부대가 될 것입니다. 왜냐하면 혁명군
은 그 몸체가 자랄 수 있는 한계가 이 공화국에 사는 6백만 쿠바 인
구만큼이기 때문입니다. 모든 쿠바인은 무기 다루는 법과 자신의
방어를 위해 그것을 사용할 시기를 배울 것입니다.[9]

이러한 대목은 특정한 성격을 띤 사회집단과 교육적 소통을
할 때 에르네스토 게바라가 사용한 언어와 의도, 논의의 구체적
인 사례들이다.
두 번째 사례로, 같은 해인 1959년 산티아고데쿠바에 있는 오
리엔테대학에서 한 강연을 들 수 있다. 여기서 체는 교수와 대학
생들에게 '대학의 개혁과 혁명'이라는 주제로 강연을 했는데, 자
신의 교육 방법에서 하나의 규칙이 된 방식을 잘 드러내었다. 그
는 늦게 온 것을 사과하고 그 이유를 언급하면서 말문을 열었다.

존경하는 동지들, 안녕하십니까?
이 행사의 시작이 늦어진 데 대해 참석한 여러분께 죄송하다는
말씀을 드립니다. 여기 오는 내내 날씨가 매우 좋지 않아 바야모에

서 멈추어야 했습니다. 모두 제 잘못입니다.[10]

또 하나 흥미로운 점은, 역시 늘 그래 왔듯이 다루고자 하는 주제의 범위와 한계를 분명하게 정의함으로써 제기하는 문제에 청중들이 반응할 수 있도록 하는 것이다.

주제가 너무 광범위해서 이 문제의 서로 다른 측면을 다루는 다양한 강의가 있을 수 있습니다만, 나는 투쟁하는 사람의 처지에서 대학과 관련하여 학생들의 혁명적 의무를 정확하게 분석하는 데 관심이 있습니다. 그래서 우리는 학생이란 무엇이며 어떤 사회 계급에 속하는지, 그리고 학생의 실체나 핵심이라고 할 만한 무엇이 있는지 정의하는 것부터 시작하겠습니다. ……[11]

대학과 민중의 거리감이나 괴리를 비판하면서 그는 우리가 기억하는, 몇 달 전 '우리시대모임' 강연에서 나눈 학생들과의 대화를 사례로 다시 사용하고 있다. 이번에는 다른 주제에 관련된 것이다.

나는 몇 달 전 여러분들 중 몇 사람과 잠깐 나눈 대화를 기억합니다. 그때 나는 민중과 접촉하고자 할 때, 귀족 부인이 동전이나 던져주는 것처럼 지식의 동전을 던져주거나 어떤 형태로든 도움을 주는 식이 아니라고 말했습니다. 현재 쿠바를 통치하는 거대한 혁명가 부대의 일원으로서 나라의 실천적인 과업에 소매를 걷어붙이라고 한 것이지요. 그러한 실천적인 과업을 통해 각 분야 전문가들은 저마다의 지식을 증진할 수 있게 되고, 강의실에서 배우는 흥미 있는 모든 것들이 이 나라를 건설하기 위한 거대한 투쟁의 진정한 전장에서 건설하면서 배우는, 아마도 훨씬 더 흥미 있는 일과 하나로 연결될 것입니다.[12]

이 연설에서 그는 예비 직업인으로서의 실천을 민중과 연결하여 사회적 문제들과 직접 부대끼면서 배울 필요가 있다는 생각을 밝히고 있다.

눈에 두드러진 것은, 처음에 아주 개인적이고 친밀한 어떤 것으로 청중의 관심을 불러일으킨 다음, 하고자 하는 말을 직접적인 언어로 표현할 뿐 아니라 주제와 관련된 전례들의 역사를 간단히 제시하고 있다는 점이다. 앞에서 우리는 그가 10페이지에 걸쳐 혁명 투쟁의 과정을 요약한 것을 언급한 적이 있지만, 이번에는 한 페이지 반에 걸쳐 라틴아메리카에서 대학 자율성의 역사를, 과테말라의 아레발로와 아르벤스 시기 대학에서부터 아르헨티나의 코르도바대학에 이르기까지 대학 개혁에 관한 가브리엘 델 마소의 책을 인용하면서 요약하고 있다. 마지막에 그는 그 저자에 관해 다음과 같이 말하면서 청중의 기대를 자극하고 있다. "…… 우리끼리 하는 말이지만 이 책의 저자를 조사해 보면 거기서 놀라운 사실을 발견하게 될 것입니다."[13]

논쟁과 의심, 모순과 같은 것들이 이러한 사회교육학에서 체가 강조하고자 하는 색조인데, 그것은 인간을 깊이 이해하고 그러한 인간을 향해 스스로 교육적 실천을 하고 있기 때문이다.

그 때문에 나는 단순히 강의하는 것을 넘어 어떤 논쟁적 문제를 제기하고 그 논쟁에 여러분들을 초대하러 여기에 왔습니다. 물론 그 논쟁이 여러분에게 상그럽고 혼란을 불러일으킬지 모르지만 일어난 모든 사태를 조목조목 설명하는 것, 다시 말해 그 나라에서 일어난 모든 일, 특히 오늘날 일부 학생 집단이 견지하고 있는 입장을 지킨 그 학생들에게 어떤 일이 일어났는지 분석하는 것은 민주주의 체제라면 항상 바람직한 일입니다.[14]

세 번째 사례에서는 먼저 청중들과 자신을 동일시한 다음, 주제를 제시하고 간단한 역사를 소개함으로써 동기를 설명하고 있다. 1960년 3월 2일 아바나대학에서 행한 강연이 그것이다.

오늘 이야기할 주제로 들어가기 전에 우선 나를 소개한 나란호씨의 말을 너무 신뢰할 필요가 없다는 말씀을 드리고 싶습니다. 내 생각을 말하면 나는 겸허한 혁명가이고 1년차 학생일 뿐입니다…… 나는 '혁명 대학교'의 재정부 1학년 학생입니다.

나는 다만, 다소 모호한 말이지만 혁명가라는 직함으로, 그리고 여러분들과 형제로서 공유하고 있는 학생이라는 직분으로 여러분과 이야기하러 여기에 온 것입니다.

나는 이 강연이 질문과 대답을 주고받고 토론하는 다소 비공식적인 행사라고 생각했습니다만, 텔레비전을 통해 온 나라에 방송되는 특별한 사정 때문에 내가 정한 주제에 관해 좀 더 정돈된 방식으로 이야기할 수밖에 없을 것입니다. 나 개인적으로도 신경을 써야 하고 여러분 또한 대부분 그럴 것이라고 생각하기 때문입니다.[15]

여기까지가 청중의 관심을 끌고 청중을 자신과 동일시한 대목이다. 그런 다음 주제를 제시한다. "주제에 대충 제목을 붙인다면 '쿠바의 경제 발전과 대학의 역할'쯤 될 것입니다. ……"[16]

이어서 문제에 대한 역사적 분석으로 들어간다. "하지만 이 과정이 어떻게 이루어졌는지 알기 위해서 우리가 역사적·경제적으로 어디에 서 있는지 이해할 필요가 있습니다. ……"[17]

강의가 거의 끝날 무렵에는 자기가 없어도 논쟁이 이루어지고 대학 밖에서도 토론이 계속될 수 있도록 논쟁적인 주제를 제시했기 때문에, 그의 교육 실천에서 논쟁이 남아 있을 수 없었다.

…… 그리고 이 강의가 끝난 다음 저 없이도 여러분끼리 그리고

여러분의 교수들이나 오리엔테대학, 라스비야스대학의 동료들과 대학의 문제를 토론하고 나아가 정부와도 토론하게 된다면 제게 큰 즐거움이 될 것입니다. 그것은 민중과 토론하는 것과 다를 바 없기 때문이지요.[18]

1960년 3월 30일, 텔레비전 프로그램으로 민중대학 프로젝트를 시작했을 때 게바라 사령관은 개막 연설을 할 기회가 있었는데, 시작하는 말에서 민중교육이 무엇을 의미하는지 매우 정확하게 지적했다. 그는 혁명의 진실에 대해 설명하면서 "어떤 가식도 없이 진실을 드러내어 …… 그것을 보여 드리겠다"[19]고 말하여 쉽고 분명한 말로 농민과 노동자들에게 직접 다가가기 위해 노력하고 싶다고 했다.

그는 이 프로그램이 민중교육, 다시 말해 혁명 쿠바 사회를 이해하고 그 속에서 살기 위한 교육에서 차지하는 중요성을 강조했다.

이날의 강연에서 그는 사회교육을 활용하는 방법에 관하여 전에 언급한 요소들을 다시 거론하고 있다.

…… 이 때문에 모든 사람들이 어떤 메시지를 가지고 와서 말할 수 있는 이러한 프로그램은 매우 중요합니다. 물론 새로운 것은 아닙니다. 우리 총리[20]가 매번 카메라 앞에 나타나 자신의 지위에서

만 할 수 있는 교육으로서 특별 강연을 합니다. 하지만 그와 함께 특정한 주제들로 나누어 우리 교육 프로그램을 진행하고 청중들의 질문에 대답할 계획을 세웠습니다. 이미 말한 바와 같이 이제 오늘의 주제인 정치적 주권과 경제적 독립으로 들어가도록 하겠습니다.[21]

체는 이 발전하는 사회에서 많은 전문가들이 민중을 가르치는 사회적 활동을 벌일 필요성을 예견했다. 그는 처음부터 의사를 이러한 개념으로 끌어들였다. 체가 오늘날 우리가 가지고 있는 거대한 보건 프로그램과 같은 공동체 서비스에 종사하는 의사들의 선구자였다는 사실을 우리는 주저 없이 말할 수 있다.

1960년 8월 19일, 공공보건부에서 한 강연에서 그는 다음과 같이 말했다.

그리하여 언젠가 의료는 질병을 예방하는 데 유용한 과학이 되어 모든 민중이 의료를 의무로 느끼도록 이끌어야 할 것입니다. …… 따라서 오늘날 우리의 과제는 모든 의료 전문가들의 창조적 역량이 사회적 의료라는 과업을 지향하도록 하는 것입니다.[22]

그러고는 이렇게 덧붙였다.

따라서 의료 노동자로서 의사는, 대중 속으로 공동체 속으로 들어가 새로운 과업의 중심에 서는 사람이 되어야 합니다. 세상에 어떤 일이 일어나더라도 언제나 의사는 환자들 곁에 있어야 하고 그들의 마음을 잘 알고 있어야 합니다. 또 그들의 고통 가까이에서 보살피는 사람이기에 매우 중요한 일을 하는 노동자로서 사회에서 커다란 책임감을 가지고 있는 존재입니다.[23]

2 /

지도자의
자질

에르네스토 게바라는 생산과 서비스에서 혁명적 관리자들이 갖추어야 할 교육적 영향력에 대해 창조적 열정으로 깊이 분석했다. 지도자들의 능력을 배양하는 학교를 만드는 대신에 그는 교육 노동을 통해 지도자들의 의무를 교육했다. 혁명적 관리자들의 자질을 분석하면서 구체적인 지도자 훈련 프로그램을 만들고 다음과 같은 간단명료한 말로 표현했다. "인간 개개인은 그 장점이 되는 자질들을 떼어내어 산술적으로 합산하여 전체로 만드는 경직된 틀로써는 온전한 인간을 형성할 수 없습니다. 왜냐하면 개인은 그 자체로 하나의 고유한 전체이기 때문입니다……."[24]

체는 관리자에게 필수불가결하다고 생각하는 기술적·정치적
자질의 목록을 다음과 같이 제시하고 있다.

* 노동자계급과 국가의 발전에 대한 관심
* 모든 사람들과 조정하는 능력
* 문제를 해결하기 위한 단호한 결정과 권위
* 생산 전체를 파악하고 대중들을 다루는 것
* 자신의 지식에 근거하여 일의 목적에 맞게 지시할 줄 아는 것
* 솔선수범함으로써 따르게 하는 것
* 사회주의 계획경제 이론을 잘 이해하는 것
* 자기 역량을 끊임없이 향상시키는 것
* 개인적 이익은 어떤 것이라도 잊어버리는 것
* 사적인 친분보다는 규범과 의무를 앞세우는 것
* 사람들이 한 일의 가치를 평가할 줄 아는 것
* 규율을 혁명적 대담성과 창발성에 결합하는 것
* 노동자들의 기술적·정치적 발전과 협력하는 것
* 혁명운동의 과학적 진리는 목표를 가지고 지속적인 사업이 되어
  야 한다는 점을 이해하면서, 현실을 염두에 두고 이론을 무기로
  과업을 수행하는 것

그리고 그는 이런 생각을 종합하여 다음과 같이 표현했다. "이

론과 실천, 결정과 토론, 지시와 지도, 분석과 종합은 혁명적 관리자가 숙달해야 하는 변증법적 대립물입니다."[25]

이러한 것들은 종사하는 분야에 관계없이 어떤 지도자에게도 유효한 자질이라고 할 수 있다. 따라서 체의 이런 분석은 지도하는 책임을 떠맡은 사람들에게 관련되는 사회교육학에 기여하는 것이라고 생각된다.

그는 국가가 요구하는 지도자를 정치, 경제, 군사 등 다양한 유형으로 분석하고, 이 모든 지도자들의 공통분모는 분명한 정치적 입장이라고 지적했다. 분명한 정치적 입장이란 혁명의 대의를 무조건 지지하는 것이 아니라, 풍부한 혁명적 이론과 실천에 지속적으로 기여할 수 있는 변증법적 분석과 희생의 자질을 갖춘 합리적 지지를 의미한다고 덧붙였다.

체는 지도적 간부들을 향해 그들의 사회적 역할이나 지속적인 교육 및 향상과 관련하여 광범한 교육적 노동을 실행했다. 정치적·행정적 지도자들에 대한 사회교육학은 그의 연설과 논문 그리고 지도자들과 직접 나눈 대화의 대부분에서 발견된다.

3

노동자들과 더불어
행동하는 교육

에르네스토 게바라는 시에라마에스트라에서 지낼 때부터 무
장한 동지들이나 현지 농민들과 함께 사회교육을 실천했다. 우리
는 그의 전투 일지에서 부대원들을 다루고 농민들과 대화를 나
누면서 성찰한 증거를 발견할 수 있다.

두 번째 결론으로, 게릴라 활동이 본디 갖추어야 할 가장 중요한
것이 있다면 그것은 대중과 함께하는 것입니다. 더욱 더 중요한 것
은 불리한 지역, 다시 말하면 적의 강력한 공격으로 파국을 맞을
수 있는 지역에서 대중과 함께하는 것입니다.

우리는 게릴라 세력의 국내 전선에서 완전한 동질화를 달성하기 위해 불리한 지역에 노동자와 농민, 여타 사회 계급들이 있다면 이들과의 통일을 위한 선동과 투쟁을 계속해야 합니다. 그리고 이러한 대중 사업, 즉 게릴라와 지역 주민들의 관계 속에서 광범하게 계속되는 이러한 게릴라 활동은 또한 완강한 적들의 구체적인 사정을 고려해야 합니다. ……[26]

매우 풍부한 사회교육의 또 다른 실천은 혁명 초기 몇 년 동안 체가 민중과 접촉한 과정에서도 나타난다. 그는 어린아이부터 학생, 전사, 농민, 전문가에 이르기까지 직접 대화를 나누거나 텔레비전, 신문 보도, 편지 등을 통해 만났다.

1963년 4월, 체는 많은 청년들이 교사가 되기 위해 훈련받고 있던 미나스델프리오를 방문하여 그곳이 혁명전쟁 중에 어떤 의미를 지녔는지 설명하는 것으로 말문을 열었다.

오늘 여기 다시 와 완전히 달라진 경관을 찬찬히 둘러보니 게릴라 투쟁 때의 기억이 떠오릅니다. 이 언덕들은 우리가 수도 없이 오르내려 지금도 여기 서 있는 나무들을 다 식별할 정도입니다. 적의 비행기가 매일같이 공습을 할 때면 우리는 달려가 숨을 곳을 찾아내곤 했죠. 그런데 오늘 모습은 완전히 달라져 있습니다. 새 건물이 들어서고 새로운 젊음이 넘칩니다. 같은 장소에서 같은 목표로 '혁명'이 전진하고 있는 광경으로 변했습니다. …… 오늘날 승리는 우리의 것이며 우리는 승리를 공고히 할 군대를 보유하게 되었습니다. 하지만 우리는 문화 영역에서 혁명을 튼튼히 해야 합니다. 그것은 여러분의 몫이며 여러분이 할 수 있는 최선을 다해야 할 것입니다. 여러분은 몇 년 후에 교사가 되어 단지 책에서 배워 단련한 민족의 식이나 순교자들과 혁명 영웅의 역사를 학생들에게 설명하는 데 그쳐서는 안 됩니다. 여러분은 최근 역사에 관한 살아 있는 지식을 습득할 것입니다. 여러분은 많은 사람들의 희생을 알게 될 것이며, 민중과 접촉함으로써 여전히 이 지역에서 살고 있는 농민들이 겪고 있는 고난을 알게 될 것입니다. 비록 그것들이 과거에 있었던 엄청난 일에 비하면 별 것 아니라고 할지라도 말입니다. ……[27]

그런 다음 그는 미래의 과업에 관해 정서적인 측면을 건드리고 있다. 그는 낙관주의와 함께 책임감이라는 메시지를 담아 청년들 앞에 놓인 미래를 전망한다.

여러분은 자기 과업의 중요성과 여러분이 속한 사회에 기여해야 한다는 것을 알고, 몇 년 후에 여러분이 책임지게 될 아이들에게 최선을 다해야 한다는 것을 아는 진정으로 혁명적인 교사로 성장할 것입니다. ……

대학에서 교육학 연구나 다른 경력을 쌓게 될 사람도 있겠지만 여러분들 대부분은 학교 교사가 될 것입니다. 이 순간 우리 청년들의 슬로건은 교육과정에서 한 순간도 멈추지 말 것, 늘 전진할 것, 언제나 새로운 것을 배울 것, 우리가 배운 새로운 것들을 모두의 이익을 위해 기꺼이 나눌 것 등입니다. 그리고 혁명이 승리했기에 여러분은 이 모든 것을 성취할 것입니다.[28]

에르네스토 게바라가 사회교육학을 실천한 또 다른 영역은 산업부나 국립은행을 비롯해 자신이 책임을 맡은 여러 기관에서 노동자들과 더불어 일한 것에서 찾을 수 있다.

1963년, 그는 관료주의가 혁명 과정에 불러온 병폐를 깊이 있게 분석했다. 그 배경은 물론, 자본주의 체제에서 진화해 온 과정을 연구함으로써 그러한 현상의 원인을 지적했다. 그는 혁명 과정에서 나타난 관료주의적 병폐의 근본 원인 세 가지를 적시했다. 첫째 내적 동력이 결여됨으로써 문제를 해결하는 데 대한 무관심, 둘째 조직의 혼란, 셋째 정확하고 신속한 결정을 내리는 데 필요한 충분히 발전된 기술 지식의 부족이 그러한 것들이다.

교육이 거의 절대적으로 부족하고 수많은 회의들로 대체되면 우리가 앞에서 말한 바와 같은 회의 만능주의가 나타납니다. 이런 행태는 기본적으로 문제 해결의 전망이 부족한 것으로 해석할 수 있습니다. 이런 경우 서류만 넘쳐나고 사회 발전을 위한 결정은 이루

어지지 않는 관료주의가 해당 조직의 운명이 됩니다.[29]

그는 이러한 분석에 기초하여 문제의 해결책을 찾고 그에 대한 노동자들의 이해를 모색한다. 그가 보기에 노동자들은 노동과정 속에서 교육과 재교육을 받을 필요가 있기 때문이다.

. 관료주의의 원인과 결과를 인식하게 되면 병폐를 고칠 수 있는 가능성을 정확하게 분석할 수 있습니다. 모든 중요한 원인들 가운데 조직이 문제의 중심에 있다는 것을 알 수 있습니다. 따라서 필요한 모든 노력을 다하여 조직 문제와 대결해야 합니다. 그러기 위해 우리의 노동 방식을 고쳐야 하고, 각 조직과 각각의 과업 수준에서 중요도에 따라 문제들을 정돈해야 하며, 그러한 문제들과 경제의 결정이 이루어지는 중심에서부터 마지막 집행 단위에 이르는 나머지 부분들 사이, 그리고 수평적으로는 전체 경제적 관계를 이루는 각 구성 요소들 사이의 구체적인 관계를 설정해야 합니다. 이것은 지금 우리 힘으로 실행할 수 있는 과제입니다. 그렇게 함으로써 우리가 얻을 수 있는 이점은, 일이 적거나 일이 거의 없는 노동자나 다른 일을 헛되이 반복하는 불필요한 많은 노동자들을 다른 부서로 보낼 수 있다는 것입니다.[30]

관료적 현상의 본질과 그것을 제거하는 방식을 알고서 노동자들에게 사회악이라고 설명하고, 노동자들이 관료주의를 초래했다는 죄책감을 가지지 않게 하면서 그것의 제거를 설득하는 방식이 여기에 있다. 이러한 설명 방식은 노동자 교육을 할 때 에르네스토 게바라가 보여 준 특징이다.

동시에 우리는 내적 동기가 부족하고 정치적 선명성이 떨어지면 행동으로 옮기기 어렵습니다. 이런 상황을 끝장내기 위한 정치적 과업을 끈질기게 펼쳐야 합니다. 그 방법은 과업에 대해 구체적으로 설명하고, 관리직 노동자들이 구체적인 일에 대해 관심을 갖게 하며, 전위적 노동자들의 본보기를 통해서 지속적인 교육을 하는 한편, 사회주의에 대한 깊은 적대감을 감추고 있다거나 노동을 지극히 혐오하는 '기생충'들을 제거할 수 있는 철저한 조치를 취하는 것입니다.[31]

그는 이러한 명쾌함으로 노동자들이 이 문제에 관해 관심을 갖고 해결책을 생각하도록 유도한다. 또 노동자들이 현존하는 난관을 극복하고 앞으로 나아갈 수 있다는 확신을 심어 준다.

만약 우리가 서류 뭉치들로 인해 조직들 사이나 하부 조직들 사이에 얽히고설킨 관계, 우리 조직들에 나타나는 기능 중복이나 흔한 '함정'에서 벗어나려고 한다면, 우선 기본적인 것에서 나중에 복잡한 것에 이르기까지 조직의 규칙을 다듬으려고 한다면, 무관심하거나 혼란스러워하거나 게으른 사람들과 정면으로 맞서 이 대중들을 교육하고 재교육하여 혁명으로 끌어들여야 할 것입니다. 버려야 할 것은 과감하게 버리고 동시에 어떤 역경이 앞을 가로막더라도 모든 수준에서 교육하는 거대한 과제를 지치지 않고 계속 수행해 나가야 할 것입니다. 그렇게 할 때 우리는 관료주의를 하루라도 빨리 제거할 수 있는 위치에 서게 될 것입니다.[32]

사회교육가로서 체의 면모를 볼 수 있는 마지막 장면은 볼리비아에서 게릴라들과 투쟁할 때였다. 우리는 그의 일기와 게릴라들의 증언들을 통해 그 사실을 확인할 수 있다.

생의 마지막 순간, 부상을 당해 언제라도 살해당할 수 있다는 것을 알면서도 그는 사회교육을 멈추지 않았다. 볼리비아의 작은 마을 라이게라에서, 체가 한 교사와 마지막으로 나눈 대화에서 그 증거를 찾을 수 있다. 그 교사는 체가 안치되어 있던 교실에 들어섰을 때, 자신의 일터에 '악당'이 있다는 말에 동의하지 않았다. 그녀는 체와 대화를 나눈 후에 자신의 생각을 바꾸었던 것이다.

체는 조용한 어조로 학교와 아이들에 관해 그녀에게 묻기도 하고 심지어 칠판에 맞춤법이 틀리게 적혀 있는 단어를 지적하기도 했다.

그 교사는 매우 놀란 태도로 나오면서 군인들에게 말했다. "······ 악당이 여기 있다고요? 어떻게 나에게 그런 말을 할 수 있습니까. 당신들은 틀렸어요. 그는 신사예요. 그렇게 정중하게 나를 대하는 사람을 여태 본 적이 없어요."[33]

chapter
03

체 게바라의 저작과
쿠바의 교육

이제 체의 저작을 전체적으로 분석하고 쿠바 교육의 다양한 영역에서 그것이 어떻게 활용될 수 있는지 살펴보고자 한다.

먼저 "우리는 체 게바라처럼 될 거야!"라는 슬로건이 어린이와 청년들에게 가지는 의미를 분석한다. 다음으로 체의 저작을 읽고 그의 사상을 배우고 그의 글쓰기 방식을 즐기는 것이 다양한 교육 수준의 학생들에게 어떤 의미가 있는지 살펴본다. 마지막으로 초중등 학교에서 글쓰기의 본보기로 삼을 만하다고 생각되는 글 몇 편을 체의 저작에서 뽑아 부록으로 붙인다.

1

우리는 체 게바라처럼
될 거야!

우리는 '호세마르티소년단'의 슬로건에서 이야기를 시작하고자 한다. 1967년 10월 18일, 에르네스토 체 게바라 사령관을 추모하는 엄숙한 야간 행사에서 피델 카스트로 동지가 한 연설에서 비롯되었다.

그 연설에서 피델은 1955년 7월 또는 8월 체를 처음 만난 날부터 그의 삶을 돌아보았다. 체의 성품과 멕시코 시절, 그란마 원정, 첫 전투, 그의 활동과 군사적 천재성, 지도자·지식인·사상가로서의 자질 등을 하나하나 되짚었다.

그는 체가 여러 국제회의에 참석한 일, 국립은행 총재와 국가계

획위원회 위원장, 산업부 장관으로서 이룬 업적, 지역 군사령관, 정치·경제사절단장과 우호사절단장으로서의 활동, 그리고 나중에는 볼리비아 게릴라로 싸운 마지막 시절을 칭송했다.

그는 혁명적 사상과 혁명적 미덕, 강력한 의지, 끈질긴 근성, 노동정신을 우리에게 남겼습니다. 한 마디로 그는 하나의 본보기를 우리에게 남겼습니다! 체의 삶은 우리 민중에게 이상적인 본보기가 되어야 합니다. 만약 혁명 전사들과 우리 당원들이, 우리 민중이 어떻게 되길 원하는지 말하고 싶다면, 우리는 주저 없이 '그들이 체 게바라처럼 되게 하라!'고 말해야 합니다. 만약 우리 어린이들이 어떻게 교육받아야 하는지 말하고 싶다면, 우리는 주저 없이 그들이 체의 정신으로 교육받아야 한다고 말해야 합니다. 만약 우리가 현재에 속하지 않고 미래에 속하는 인간 모델을 가지고 싶다면, 나는 가슴 깊은 곳에서 우러나오는 말로 '체가 바로 그 본보기다!'라고 말합니다. 품행에 어떤 오점도 없고, 행위에 어떤 결함도 없고, 활동에 어떤 결점도 없는 인간 본보기가 바로 체입니다. 만약 우리 아이들이 어떻게 되길 원하느냐고 말하고 싶다면, 우리는 혁명적 열정의 가슴으로 '그들이 체 게바라처럼 되길 원한다!'고 말해야 합니다.[1]

"우리는 체 게바라처럼 될 거야!"라고 하는 이 표현은 수많은 쿠바 어린이들이 반복해 왔고 오늘도 반복하고 있다.

그렇다면 "우리는 체 게바라처럼 될 거야"라는 말에는 어떤 의미가 담겨 있는가? 모든 어린이가 체의 미덕을 갖춘 사람이 되어야 한다는 것을 의미하는가? 이보다 진실에서 동떨어진 말은 없을 것이다. 피델은 당시에 체가 미래에 속한 유일한 인간이라는 점을 지적했다. 따라서 "우리는 체 게바라처럼 될 거야"는 체와 동일하게 되는 것을 의미하는 말이 아니다. 체가 가진 자질 가운데 어떤 것을 취하여 발전시키라는 것이지 체의 모든 자질을 갖추라는 뜻이 아니다. 한 아이가 진실하다면 그는 체의 자질 가운데 하나를 가진 것이다. 열심히 일한다면 그는 체의 다른 자질을 가진 것이다. 열심히 공부한다면 그 아이는 체의 또 다른 자질을 가진 것이다. 인간의 고통에 민감하다면 그는 체처럼 되는 것이다. 천식이나 다른 질병으로 고통 받으면서도 열심히 일하고 공부한다면 그 또한 체가 가졌던 자질이다.

어린이나 청년들과 함께 일하는 우리는, 배우는 그들의 인격 어디에 이러한 자질들이 존재하는지 평가할 줄 알아야 한다. 우리는 학업 성적이 뛰어나지는 않지만 학교 농장이나 시골에서 열심히 일하거나 가장 좋은 생산물을 얻기 위해 헌신하는 아이들에게 그러한 자질이 있다는 사실을 놓치는 경우가 많았다. 우리는 체가 어렸을 때 그랬듯이, 어떤 어린이가 다른 어린이들과 같은 것을 공유하거나 축구나 체스를 잘할 때 그 아이가 체와 같은 어린이라고 알아보았던가.

또 자기 조국을 지키기 위해 지원하거나 징집된 청년에게 체와 같다고 비유하여 말한 적이 있는가. 또 스스로 웃으면서 훌륭한 유머 감각으로 다른 사람을 웃기는 유쾌한 청년에게 체와 비슷하다고 표현한 적이 있는가. 우리는 그렇게 말한 적이 없다고 나는 단언한다. 왜냐하면 어린이나 청년에게 가능하지 않은 완전성을 갖춘 체의 모든 자질을 기대하는 잘못을 범했기 때문이다. 형제나 쌍둥이라 하더라도 동일한 두 인간이 세상에 존재할 수 없는 것이다.

체 게바라처럼 된다는 것은 자신을 혁명가와 일치시키고 매일매일의 발전을 위해 노력하는 태도를 의미한다.

체는 자신이 행복해지고 딸이 자신처럼 되기를 바라면서 딸에게 두 가지를 부탁한다. "…… 학습과 혁명적인 태도, 즉 훌륭한 품행, 신중함, 혁명에 대한 사랑, 동지애 등등. 나는 네 나이 때 그러지 못했다. 사람들이 서로의 적이 되어 싸우던 그런 사회에서 자랐기 때문이란다. ……"[2]

우리 아이들과 청년들은 체가 쓴 글과 체에 관해 쓴 글을 더 많이 읽음으로써 그를 이해하고 보통의 인간으로 보게 할 필요가 있다. 체는 어릴 때는 개구쟁이였으며 젊을 때는《모터사이클 다이어리》에 적힌 것처럼 모터사이클을 타고 라틴아메리카 전역을 여행한 모험적인 청년이었다. 그가 축구, 야구, 럭비, 수영, 사이클을 얼마나 좋아했는지 어린이와 청년들이 더 많이 알게 되면 흥미를 느끼게 될 것이다. 그는 한때 체스에 심취하여 1963년에는 산업부에서 열린 대회에서 준우승을 하기도 했으며 1년 뒤에는 2등급 체스 기사가 되었다.

어린이와 청년들은 아버지 에르네스토 게바라가 쓴 〈내 아들 체〉를 반드시 읽어야 한다. 그리고 체의 '선집'(選集), 특히 '체 게바라의 일기'에서는 그의 혁명적 자질이 어떻게 형성되었으며 그의 강력한 의지가 어떻게 형성되고 강화되었는지 잘 드러난다. 거기에 다음과 같은 고백이 있다.

내가 처음 의사의 길에 접어들어 의학 공부를 시작했을 때, 혁명가로서 내가 오늘 가지고 있는 개념들은 내 생각의 창고에 들어 있지 않았다. 나는 다른 모든 사람들이 그랬던 것처럼 성공한 사람이 되고 싶었다. 나는 유명한 연구자가 되어 쉬지 않고 탐구해 인류에 봉사할 수 있는 업적을 성취하는 꿈을 꾸었다. 그때 그 꿈은 개인적인 성공이었다. 나는 다른 모든 사람들과 마찬가지로 환경의 자식이었던 것이다.[3]

체가 그러한 생각을 바꾸는 데 무엇이 영향을 끼쳤으며, 삶과 인류에 관한 그의 생각이 어떻게 변화되었는지 어린이와 청년들도 공부해야 한다.

대학 졸업 후 특별한 사정과, 얼마간은 내 성격 때문에 여행을 떠났다. 그때 나는 라틴아메리카의 모든 것을 알게 되었다. 나는 아이티와 도미니카공화국을 제외하고 모든 라틴아메리카 국가들을 여행했다. 처음에는 학생으로 나중에는 의사로 여행을 한 덕분에 가난과 굶주림, 질병을 가까이서 직접 보게 되었다. 돈이 없어 아이를 치료하지 못하는 부모들을 만나고, 굶주림과 고통이 계속됨으로써 나타나는 난폭한 결과를 보았다. 심지어 우리의 고향 아메리카의 영락한 계급에게 자주 일어나듯이, 아이를 잃는 사고가 아이 아버지에게 대수롭지 않은 일로 여겨졌다. 그래서 나는 그때 유명한 과학 연구자가 되거나 의학에 중요한 기여를 하는 것만큼이나 중요한 어떤 일이 있다는 사실을 알게 되었다. 다름 아닌, 이런 사람들을 돕는 일이었다.[4]

우리 어린이와 청년들은 체가 이미 학사 학위를 가지고 있었음에도 불구하고, 생존할 돈이 부족하더라도 희생하는 일에 적응하기 위해 코스타리카와 에콰도르, 과테말라, 멕시코에서 쌓은 경험을 읽어 볼 필요가 있을 것이다.

엘 파토호는 돈이 없었고 나도 몇 페소밖에 가지고 있지 않았다. 우리는 카메라를 한 대 사서 공원에서 사진을 찍는 일을 몰래 시작했다. 마침 사진을 현상할 수 있는 조그만 작업실을 갖추고 있던 멕시코인이 있어 함께 동업했다. 우리가 찍은 좋지 않은 사진을 배달하기 위해 도시의 한쪽 끝에서 다른 쪽 끝까지 걸어 다녀 멕시코시티 전체를 훤히 알게 되었다.[5]

쿠바의 모든 어린이와 청년들은 체가 쿠바로 떠나오기 몇 달 전 멕시코 감옥에서 부모에게 쓴 편지를 읽어야 한다.

얼마 전 저는 젊은 쿠바 지도자를 만났습니다. 그는 내게 자신이 이끌고 있는 쿠바 무장 해방운동에 참여해 달라고 요청했습니다. 저는 물론 수락했습니다. 저는 지난 몇 달 동안, 조만간 쿠바에 상륙할 청년들의 군사 훈련에 참가했습니다. 그들에게는 내가 교수라고 거짓말을 했습니다. 6월 21일 (멕시코에서 집이 없는 한 달 동안 교외에 있는 한 목장에서 머물 때) 피델이 몇몇 동지들과 함께 체포되고 그 집에서 우리가 머물던 곳의 주소가 알려져 우리는 모조리 체포되었습니다. 저는 멕시코-러시아문화교류연구소의 러시아 학생 증명서를 갖고 있었는데, 그것은 제가 그 조직과 중요한 연계가 있다고 생각하게 하기에 충분했고, 아버지도 잘 알고 있는 어떤 신문은 온 세상에 떠벌였습니다.

이것이 지금까지 있었던 일을 요약한 것입니다. 미래는 장기적인 일과 당장의 일 두 갈래로 나뉩니다. 장기적으로 제 미래는 쿠바혁명에 연결될 것이라는 것을 말씀드리려고 합니다. 승리하든가 아니

면 거기서 죽든가. ……⁶

우리는 체가 어릴 때 어떠했는지 어린이들에게 말해 주어야
한다. 그들이 스스로 체에게 비춰볼 수 있도록 평범한 개구쟁이
모습에 관해서도 이야기해야 한다. 그렇지 않으면 어린이들이 따
라 할 수 없는 어른을 흉내 낼 위험이 있다.

어린이들은 체가 그랬던 것처럼 개구쟁이 짓을 하면서도, 까불
고 웃으면서도, 야구를 하면서도, 노래하고 뛰면서도 그의 자질
을 가질 수 있게 되고 그의 혁명적 원칙과 사상에 일치하는 사람
이 될 수 있다는 점을 이해해야 한다.

어릴 적부터 절친한 친구였던 호세 아길라르와 나눈 대화에서
체의 어린 시절을 잘 드러내 주는 대목을 뽑아 보았다.

체는 모험적인 게임을 즐겼다. 나는 그의 형 로베르토한테서 들
은 일화를 하나 기억하고 있다. 체는 우리 집 3층에서 고작 1미터쯤
떨어져 있는 이웃집으로 건너뛰었다. 따라 하지 않으려고 하는 우
리를 놀리면서 체는 그것을 즐겼다.

체는 음악에는 소질이 없어서 심지어 애국가조차 못 불렀다. 그
가 소년이 되어 춤을 추게 되었을 때 어떤 음악에 맞추어 춤을 추
기 시작해야 하는지 묻곤 하던 기억이 난다. 그가 음악을 몰랐기
때문인데 …… 그는 기억에 따라 춤을 추면서 말했다. "이것은 폭스

트롯이야"…… 그러면서 하나 둘 스텝을 밟았는데 리듬에 따라 제자리걸음을 했다. 그라나도조차도 체와 동행한 여행에서 매우 웃기는 일화를 가지고 있었다. 그는 체에게 탱고 추는 법을 가르쳤다. …… 무척 힘든 일이었는데 그라나도는 체가 춤을 출 수 있도록 언제 탱고가 연주되는지 그에게 일러 주어야 했다. 그런데 갑자기 바이욘 〈델리카테〉(그 무렵 최고 인기곡)가 연주되자 두 사람 모두 아르헨티나 코르도바에 있는 체의 여자 친구에 관한 달콤한 기억 속으로 빠져들었다. 그 후 체가 여자 친구를 기억할 수 있도록 그라나도가 바이욘을 연주한 일이 있었다. …… 하지만 체는 그 음악이 탱고인 줄 알고 탱고 리듬으로 춤을 추기 시작했다.[7]

체의 가장 친한 친구 알베르토 그라나도도 또한 이런 증언을 한다.

코르도바에 같이 있던 마지막 시간에 우리는 로스초리요스라는 곳에 수영을 하러 갔어요. 체는 높이가 5미터나 되는 바위 위에 올라갔습니다. 우리는 그에게 말했지요. "하느님 맙소사! 에르네스토, 너 죽으려고 그래?" 하지만 그는 전혀 두려워하지 않았습니다. 그는 모험심이 무척 강하고 용감했어요.[8]

사람은 모름지기 영웅에 가까워져야 한다고 체가 말한 방식으로 우리도 아이들과 청년들을 가르쳐야 한다. 호세 마르티를 두고 체는 이렇게 말했다.

　내가 마지막으로 권고하고 싶은 것은, 마르티가 신이 아니라 다만 다른 사람들보다 좀 위대하고 현명하며 희생할 줄 아는 인간이라고 생각하면서 떨지 말고 그에게 다가가라는 것입니다. 여러분이 그를 생각할 때마다 조금이라도 그를 되살릴 것이고 그가 원했던 대로 여러분이 행동할 때마다 그를 더 많이 되살릴 것입니다.[9]

2

역사를 어떻게
가르칠 것인가

에르네스토 게바라는 우리 아메리카의 역사, 특히 쿠바 역사를 깊이 공부했다. 그가 역사를 다룰 때는 언제나 역사를 가르치는 제안서가 될 수 있을 만한, 자신만의 고유한 스타일이 있었다.

그는 역사적 사건들을 그 환경과 사회 역사적 맥락 속에 위치시켜 다루었다. 그는 자기 조국의 역사를 만든 위대한 인물들을 옳기도 하고 틀리기도 하는 인간 존재로 봄으로써 신뢰할 수 있고 사실에 가깝게 분석했다. 역사적 사건을 다룰 때 그는 근접한 다른 사례와 유사점을 찾아 현실을 좀 더 구체적으로 상상할 수 있도록 했다. 또한 그는 해당 시대의 문서들을 자료로 활용하여 타당한 증거를 제시했다.

우리는 역사교육에 적용될 수 있는 이러한 특징적인 사례를 1871년 11월 27일의 역사적 사건에 대한 체의 분석에서 찾을 수 있다.

세월이 지난 지금 대부분이 아이들이던 순교자들의 얼굴은 희미해졌습니다. 그 사건은 그저 잔혹함의 상징으로 기억 속에 남아 있을 뿐입니다. 하지만 만약 한 순간의 머뭇거림이나 상상할 수 없는 재앙이 닥치면 식민지 권력 또는 제국주의 권력이 쿠바를 다시 지배하게 될 것이라는 점을 민중이 항상 알 수 있도록 그 사건을 기억하는 것이 좋습니다.[10]

그가 식민지 시대의 '부역자들'을 기술할 때에는 그들을 피비린내 나고 야수적인 이미지에 가까운 마스페레르 '호랑이들'(쿠바 게릴라에 대항하기 위해 롤란도 마스페레르가 만든 무장 조직-옮긴이)과 비교했다. 하지만 그는 또한 오늘날 청년들이 잘 이해할 수 있도록 묘지에서 일어난 그 사건을 자세하게 서술했다.

그 부역자들은 아마도 변형되고 확장된 마스페레르 '호랑이들'의 첫 번째 버전이었습니다. 그들은 아바나의 주인들이었습니다. 그들이 주인 행세를 하던 모든 곳에서 식민지 권력은 안전할 수 있었지요. 그런 시절에 그들은 그 도시의 누군가를 잔인하게 공격하여 에스파냐 식민지의 궤멸적인 권력을 과시할 필요가 있었습니다.

그래서 어린이들을 살해하고 흑인들을 사냥해 온 그 '용감한' 부역자들은 이 나라에 속한 모든 것들에 대한 자신들의 증오를 표현하기 위해 모든 쿠바 학생들뿐 아니라 에스파냐인 자녀들도 겨냥했습니다.[11]

이어서 그는 그들이 학생들을 규탄하고 처형하기 전에 저지른 행동들을 이야기했다. 벌어진 일을 단순하고 명쾌하게 이야기하는 동시에 오래전에 일어난 그 사건이 청년들에게 가깝게 느껴지도록 약간의 성찰을 덧붙였다.

교수가 휴강을 하여 몇몇 학생들이 시체를 안치소로 옮기는 상여를 가지고 놀았기 때문에 모든 사건이 시작되었습니다. 종교가 베일을 벗음으로써 학생들이 시체를 직접 다룰 수 있게 된 이후에 이런 일은 의과대학 학생들에게는 종종 있었습니다. 젊은이들은 죽음 앞에서 두려워하지 않고 시신을 가지고 장난까지 칩니다. 이것은 불경스러운 일임에 틀림없습니다만, 의학 경력을 시작한 여러분들도 모두 그게 그렇다는 것을 잘 알 것입니다. 한 학생이 지나가면서 묘지의 꽃을 한 송이 뽑았습니다. 그런 범죄 행위가 일어난 것은 그해 11월 27일의 사나흘 전이었습니다. 26일 에스파냐 장교가 교실에 나타나서 교수가 보는 앞에서 스미스라는 미국인 학생을 제외하고 모든 학생을 체포했습니다. 그 시절에는 '열등한' 사람들이 사는 영토에서 미국인들이 주인 행세를 했기 때문이지요. 나중에 또 한 학생이 풀려났는데 그는 에스파냐 사람으로 '부역자'였습니다. 나머지 모든 학생들은 감옥의 다른 이름이었던 '우리'(jaula)에 갇혔습니다.[12]

그 뒤에 일어난 일을 기술한 다음, 그는 그 시대의 문서를 한 대목 발췌해서 읽었다.

나는 마르티의 절친한 친구였고, 그 재판에서 6년 징역형을 받았던 발데스 도밍게스가 나중에 쓴 팸플릿에서 한 단락을 인용하고자 합니다.

"이제 위원회가 누구에게 어떤 처벌을 내렸는지 보자. 먼저 여덟 명에게 총살형이 결정되었다. 묘지에서 꽃을 뽑은 혐의를 인정한 알폰소 알바레스 데 라 캄파가 첫 번째로 선고되었다. 알바레스 다음으로 아나클레토 베르무데스, 호세 에 마르코스 메디나, 앙헬 라보르데, 파스쿠알 로드리게스가 선고되었다. 그들은 상여를 가지고 장난을 친 사실을 인정했다. 세 사람이 더 있었다. 하지만 카를로스 아우구스토 데 라 토레와 카를로서 베르두고, 엘라디오 곤살레스는 총살을 모면했는데, 그 무시무시한 재판에 우연이 작용했기 때문이다. 카를로서 베르두고에게는 행운이 따랐다. 베르두고는 스스로 고백하고 모든 증인들이 증언한 바와 같이 묘지에서 상여 장난이 있었던 23일에 산디오니시오에 없었다는 사실을 위원회가 알게 되었는데, 그는 체포된 25일 몇 시간 전에 마탄사스에서 거기로 왔던 것이다.

어느 누가 감히 그것이 합법적인 위원회라고 말할 수 있겠는가. 나는 결코 그렇게 말할 가치가 없다고 말하고 싶다. 우리 35명에 대한 선고가 아직 남아 있었는데, 형량을 정하는 데에는 많은 논의가 필요하지 않았다. 12명은 6년 징역형, 19명은 4년형, 나머지 4명(둘은 에스파냐인이었고, 또 다른 둘은 너무 어렸다)은 6개월형에 처해졌다."[13]

체가 조국의 역사를 가르치기 위해 초점을 맞춘 것들은 이 책의 첫 부분에서 교육 방법으로서 본보기를 언급한 곳에서도 찾을 수 있다. 역사적 사건을 제시할 때 염두에 두어야 할 중요한 세 가지 특징을 거기서 뽑아낼 수 있다.

* 청중의 이해 수준을 고려하면서 사건 전개를 보여 줄 것.
* 대립적 요소들을 분석할 것.
* 청중들의 경험에서 도움을 받을 것.

이러한 특징들 말고도 우리는 전쟁에 관한 그의 기술에서 나타나는 특징을 추가할 수 있다. 쿠바 역사의 어떤 시대를 다룰 때도 체는 언제나 역사적 과정의 역동성을 추적하기 위해 이전 사건과의 관계에 주목했다.

1952년 3월 10일 풀헨시오 바티스타가 주도한 폭력적인 쿠데타로 현실화된 군사적 행동의 역사는 물론 이날 시작된 것이 아니었습니다. 쿠바의 역사를 되돌아보면 그 연원을 찾을 수 있습니다. 군사행동은 1933년 미국 대사 섬너 웰스가 개입한 사건보다 훨씬 이전에도, 1901년 플랫 수정안(1898년 에스파냐와 벌인 전쟁에서 승리한 미국이 쿠바를 실질적으로 지배하기 위해 1901년 6월 20일에 제정한 법ー옮긴이) 이전에도, 미국과의 병합주의자들이 직접 보낸 영웅 나르시소 로페스 상륙 이전에도 있었습니다. 그 기원은 존 퀸시 애덤스가 쿠바를, 에스파냐 나무에서 엉클 샘(미국)의 손으로 불가피하게 떨어지는 사과로 비유하면서 자국의 쿠바 정책을 선포한 18세기 초로 거슬러 올라갑니다. 이런 것들은 대륙에서 일어난 침략의 긴 사슬로 연결되어 있으며 비단 쿠바에만 해당하는 것도 아닙니다.[14]

그는 또 쿠바의 역사적 사건과 라틴아메리카에서 일어난 사건 사이의 관계를 강조한다.

…… 역사는 모든 라틴아메리카에서 유사성을 보여 줍니다. 소수를 대표하는 독재는 쿠데타를 통해 권력을 차지합니다. 폭넓은 대중적 기반을 가진 민주적 정부들은 힘들게 권력을 장악하지만 종종 이전 정부가 양도한 갖가지 이권들을 보장해 주어야 하는 오점을 안게 됩니다.[15]

이것은 또한 그가 공통의 대의를 가진 라틴아메리카 여러 나라의 투사들 사이의 관계를 확립하려 했다는 사실을 보여 주는 대목이다. 그는 기테라스(Gerado Guiteras, 1906~1935, 마차도 독재에 저항한 사회주의 혁명가 – 옮긴이)에 관해 다음과 같이 말했다.

그 비통한 아침에 그와 함께 위대한 베네수엘라의 반제국주의 투사 카를로스 아폰테도 죽었습니다. 그 또한 라스세고비아스에서 산디노(Augusto C. Sandino, 1895~1934, 미국의 지배에 저항한 니카라과 혁명가 – 옮긴이)의 꿈을 공유했으며 여기에 와서 절친한 친구 안토니오 기테라스와 투쟁과 죽음을 함께 했던 것입니다.[16]

쿠바 독립의 역사적 연속성을 증명하기 위해 그는 역사교육의 본보기가 될 만한 탁월한 종합 방법을 사용하고 있다.

마세오가 고메스의 아들 판치토 고메스 토로와 함께 쿠바 해방에 목숨을 바쳤을 때 마르티는 이미 1년 전에 죽고 없었습니다. 그리하여 해방 세력의 심오하고 확고한 정치적 두뇌가 생각을 멈추었고, 모든 식민지 권력으로부터 최종적인 해방을 달성할 때까지 쿠바의 혁명전쟁을 이끌 수 있는 다른 지도자가 없었습니다. 설상가상으로 상속자들은 메인 호에 감추어진 양키의 계획과 사악한 책동, 그 후에 벌어질 사태를 이해하기에는 통찰력도 부족했습니다.

그리하여 1898년에 공식적으로 막을 내린 해방전쟁과 1902년의 독립은 진정으로 완수되지 못했습니다. 오늘 우리 앞에 놓인 과제는 그것을 직접 계승하는 것입니다. ……[17]

동시에 그는 전쟁이 상이한 단계를 거치면서도 동일한 목표를 품었다는 점을 지적하면서, 우리 위대한 애국 투사들이 추구한 사상의 현실성을 밝힌다.

우리가 오늘 우리의 위대한 영웅들, 그 영광스런 전사들의 사상을 일으켜 세워 우리 것으로 거듭 반복하는 것은 그 때문입니다. 우리는 착취를 철폐하기 위해 인류의 동일한 투쟁의 여러 단계를 말하고 있기 때문입니다. 그리고 안토니오 마세오와 마르티, 고메스가 한 모든 말은 제국주의와 맞서 싸우는 오늘의 투쟁 단계에서도 적용될 수 있습니다. 그들의 삶과 업적, 삶의 마지막은 민중 해방이라는 기나긴 여정에 하나의 이정표였습니다.[18]

체는 또한 우리 조국의 역사에 대한 학습 과정을 촉진하기 위해 비교 방법을 사용했다. 그는 언제나 과거를 생생하게 살리면서도 과거로 돌아가지 않기 위해 비교 방법의 필요성을 제기했다.

과거가 우리 민중에게 미치는 영향을 분석하는 것은 언제나 좋은 일입니다. 이행 과정에서 난관에 부딪혔을 때는 언제나 지난날에 비추어 보는 것이 좋습니다. 여덟 학생들의 목숨이 잔인하게 희생된 먼 과거뿐 아니라 여러분 모두와 어린이와 학생들에게 익숙한 1958년 12월 31에 끝난 가까운 과거에 비추어 현재를 비교하는 것은 좋습니다. ……

장학생 동지 여러분, 혁명이 승리하기 전에 무엇을 기대할 수 있었는지 생각해 보는 것은 좋을 일입니다. 그리고 우리 민중에게 어려움이 닥쳤을 때에는 모든 민중이 이전에는 어떠했는지 기억하는 것은 좋은 일입니다. 우리가 노력함에도 불구하고 부족함이 있을 것이기 때문에 차례를 기다리는 '줄'이 길거나 물자가 부족할 때, 또 우리가 좋은 의도를 가지고 있음에도 어떤 일이 잘 되지 않을 때는 언제나 과거를 돌아보는 것이 좋은 일입니다.[19]

또한 체는 단순히 마르티의 말을 반복하는 것이 아니라 그가 쿠바인들에게 기대한 바를 실천하면서 그를 생각하고 그의 사상을 적용하는 것이 어떤 의미를 갖는지 언급했다.

마르티의 모든 말 가운데 사도(使徒)의 정신을 이보다 더 잘 표현한 구절은 없다고 생각합니다. "정말로 진실한 사람이라면 다른 사람이 뺨을 맞을 때 자기 뺨이 아프다고 느껴야 한다."

바로 혁명군과 쿠바혁명이 그랬고 지금도 그렇습니다. 혁명군과 혁명은 이 땅의 어떤 곳에 있는 어떤 사람이라도 뺨을 맞으면 그 구성원 모두가 함께 느끼고 수치스럽게 여겼습니다.

"이 땅의 민중에게 나의 운명을 맡기고 싶다"고 마르티는 말했습니다. …… 우리는 그의 말을 있는 그대로 해석하면서 행동으로 옮겼습니다.

우리는 민중 덕분에 이곳까지 왔고 민중이 원하는 한 여기에 머무를 것입니다. 모든 불의를 제거하고 새로운 사회질서를 세우기 위하여…….

우리는 마르티가 그랬던 것처럼 험담이나 비난을 두려워하지 않습니다. ……[20]

모든 역사 교사나 교수들은 체의 저작에서 교수 방법론을 발견할 수 있을 거라고 생각한다. 또 어린이와 청년들은 역사를 배우는 데 객관성과 동시에 정서를 갖춘 훌륭한 교본을 발견할 수 있을 것이다. 유용한 저작의 사례로는 우리 혁명사를 공부하는 데 효과적으로 사용될 수 있는 그의 책《쿠바 혁명전쟁의 여정》(Pasajes de la guerra revolucionara)과《민족사의 전망》(Visión de la historia nacional)에 실린 논설과 연설문이 있다.

'혁명전쟁 여정'의 일화들은 독자들에게 기억에서 지울 수 없는 흔적을 남길 뿐 아니라 애국주의와 신념을 강화하는 데 도움을 준다.

마지막으로 체는 아메리카의 역사에 깊이 천착할 필요성을 일깨우기도 했다. 1962년 5월 18일, 그는 이렇게 말했다.

…… 교훈은 여러분이 라틴아메리카에 관해 더 많이 공부해야 한다는 것입니다. 나는 쿠바에 있는 우리가 대체로 라틴아메리카보다 세계의 다른 나라에 관해 더 많이 안다는 것을 깨달았습니다. 하지만 이것은 옳지 않습니다. 우리가 라틴아메리카에 대해 더 많이 공부할수록 우리의 관계와 우리의 역사에 관해 더 많이 알게 됨으로써 우리는 서로 더 많이 알게 되고 더 가까워질 것입니다. 라틴아메리카를 공부하는 것은 제국주의 침략, 다시 말해 라틴아메리카의 경제를 공부하는 것입니다. 그럴 때 비로소 여러분은 오늘날 일어나고 있는 모든 일의 근원에 다가갈 수 있을 것입니다.[21]

3

체 게바라의
저작 활용하기

이제 체가 쓴 저작의 문학적 가치를 간단히 분석하고 그것을 쿠바 학교의 1학년부터 '에스파냐어와 문학' 교과에서 사용할 수 있는 가능성에 관해 살펴보고자 한다.

호세 안토니오 포르투온도가 에르네스토 게바라 사령관의 논설들과 책 《게릴라 전쟁》과 《쿠바혁명의 일화》가 처음 출간되었을 때 말한 바와 같이, 그가 뛰어난 문필가라는 사실은 많은 사람들이 인정한 바이다. 심지어 '쿠바작가예술인연맹'(UNEAC)에서 체를 회원으로 초대하기까지 했다. 전문 문필가가 아니라는 이유로 체 스스로는 그 제안을 거절했지만 말이다.

그럼에도 모든 논설과 공개편지, 연설문은 진정으로 문필가로서의 자질을 감출 수 없는 글이다. 우리는 언제나 궁금했다. 체가 어떻게 그런 글 솜씨를 익혔을까? 무엇이, 또 누가 영향을 미쳐 그가 어릴 때부터 그러한 미학적 자질을 갖출 수 있게 되었을까?

여기에 대한 대답 가운데 하나는 책과 문학에 대한 그의 깊은 사랑에 있다고 생각한다. 체의 아버지는 한 인터뷰에서 이렇게 말한 바 있다.

에르네스토는 천식이 도지면 침대에 종일 머물곤 했는데 언제나 라디오를 듣고 책을 읽었습니다. 여러분이 거기에서 보는 것은 그가 10년 동안 침실에 꽂아 두었던 책들입니다. 현대 세계사였습니다. 그는 역사책을 무척 좋아했어요. 이 주제에 관해서는 상상 이상의 메모를 남겨 놓았지요. …… 게다가 그는 어떤 책이든 가리지 않고 읽었습니다.[22]

그는 다른 곳에서 또 이렇게 언급했다.

우리 집에는 잘 갖추어진 도서관이 있었는데, 에르네스토는 일찍이 프로이트와 융, 아들러, 마르크스, 엥겔스, 레닌과 친숙했습니다. 하지만 그는 손에 잡히는 대로 모든 책을 읽었습니다. 그는 뒤마와 살가리, 베르네, 스티븐슨을 읽었으며 문학과 역사, 철학에 꾸준히 관심을 기울였습니다. 어린 시절부터 그의 독서 세계는 무척 폭이 넓고 다양했습니다. 시를 좋아하여 셀리아 부인한테서 배운 프랑스어 원어로 보들레르를 즐겨 읽었습니다. 그가 좋아한 시인 중에는 파블로 네루다도 있었는데, 네루다의 《모두의 노래》는 시에라마에스트라 산맥에서 게릴라들에게 즐겨 읽어 주었습니다. 또 그는 에스파냐인 레온 펠리페에게 "언젠가 당신은 내가 머리맡에 두는 책 두 세권 가운데 하나가 《까마귀》(El cuervo)라는 사실을 알고 재미있어 할 것입니다"라고 편지를 쓰기도 했습니다.[23]

엘옴브리토 캠프에서 찍은 사진에서 체는 에밀 루드비히가 쓴 《괴테》을 읽고 있다. 별로 이상할 것이 없지만 전투 중이라는 조건에서 그 시절 시에라마에스트라처럼 문명에서 멀리 떨어진 곳에서 그런 책을 구할 수 있었다는 사실이 놀랍다.

체가 호세 마르티의 저작들을 읽고 완전히 소화했다는 사실은 널리 알려져 있다. 산악 지대에서 투쟁할 때 그는 "쿠바의 덤불 속에서 나는 마르티의 활활 타오르는 문장에 관해 쓴다"고 기록했다. 하이데 산타마리아는 언젠가 호세 마르티에 관해 정열적으로 토론하는 두 아르헨티나인 이야기를 들었다고 했는데, 한 사람은 에세키엘 마르티네스 에스트라다였고 다른 한 사람은 체였다.

1967년 10월 18일 엄숙한 야간 행사에서 피델 카스트로는 너무도 적절하게 다음과 같이 말했다.

그는 고전적인 글 솜씨로 썼습니다. 전쟁에 관한 서술은 최상입
니다. 사상의 깊이는 인상적입니다. 그가 글을 쓸 때면 언제나 아주
진지하고 깊이 있는 글을 썼습니다. 그래서 그의 글 가운데 일부는
혁명적 사상에 관한 고전적 문헌으로 후세에 남을 것이라고 우리
는 확신합니다.[24]

피델이 사용한 '고전적'이라는 용어는 그러한 용법에 동의하는
문학 전문가들에 의해 분석된 바 있다. 그들은 문학적 언어를 구
사하는 방식 때문만이 아니라 그가 혁명적 사상의 대가인 까닭
에 그렇게 평가했다

이러한 평가는 《쿠바 혁명전쟁의 여정》에 펼쳐지는 감동적인
기록이나 《게릴라 전쟁》의 교육적이고 과학적인 신중한 서술을
보면 의심의 여지없이 분명하다.

체가 전투를 기록할 때에는 절대적인 객관성이 그의 감정을 충
실히 표현하는 데 방해가 되기는커녕 오히려 도움이 되고 있다.
다음 글은 이 점을 잘 보여 준다.

나는 드러누웠다. 그리고는 부상으로 인한 희미한 맥박에 맞춰
덤불을 향해 총을 쏘았다. 갑자기 모든 것을 잃은 그때 어떻게 죽는

것이 가장 좋을까 하는 생각이 떠올랐다. 잭 런던의 오래된 단편소설이 기억났다. 소설의 주인공은 동토 알라스카에서 얼어 죽으리라는 걸 알았기 때문에 한 나무에 기대어 존엄하게 삶의 마지막 순간을 맞을 준비를 했다. 이것이 내게 떠오른 유일한 이미지다.

잠시 후 무릎을 꿇은 누군가가 항복해야 한다고 소리치자, 뒤에서 다른 목소리가 다가오면서 "그 누구도 여기서 항복하지 않는다……"고 소리치면서 욕설을 퍼부었다. 나중에 알고 보니 카밀로 시엔푸에고스였다.[25] 폰세가 숨을 헐떡이면서 내게 다가와 가슴을 관통한 듯 보이는 총상 자국을 보였다. 나 역시 다쳤다고 말했지만 아예 관심이 없었다. 폰세는 다치지 않은 다른 동지들과 마찬가지로 사탕수수 밭으로 포복해서 나아갔다.

잠시 동안 나는 혼자 거기에 누워 죽음을 기다렸다. 그때 알메이다가 내게 다가와 함께 가자고 다그쳤다. 나는 고통에도 불구하고 사탕수수 밭으로 들어갔다. 거기서 나무 옆에서 있는 키 큰 동지 라울 수아레스를 만났다. 엄지손가락이 총알에 날아간 그에게 파우스티노 페레스가 나무줄기로 붕대를 감아 주고 있었다. 그 뒤에는 저공비행하는 전투기가 기관총을 쏘아댔기 때문에 모두 혼란에 빠졌다. 이어 더 큰 혼란이 일어나 단테적인 장면과 기괴한 장면이 연출되었다. 한 뚱뚱한 동지가 사탕수수 한 그루 뒤에 몸을 숨기는가 하면 또 다른 동지는 총알이 퍼붓는 혼란 속에서 왜 그러는지 아무도 모르는 소리로 조용히 하라고 외치기도 했다.[26]

그가 이러한 사건들을 묘사할 때의 생생함은 마치 영화 장면이 이어지는 것 같아 놀랍다. 그는 비극적인 감정과 기괴한 감정을 적절한 비율로 혼합하면서도 시종일관 사건의 서사적인 호흡과 영웅적인 차원을 유지하고 있다.

잘 알려진 어문학 교육 전문가이자 교사인 시라 소토 팔렌케는 체의 저작들에서 뽑은 발췌문을 강의할 때 자주 사용한다고 말한다. 체가 명사와 형용사, 동사, 특히 과거 시제와 부정사를, 그 시간과 형상을 효과적으로 평가하여 정확하게 사용하고 있기 때문이다.

체가 이러한 언어 사용을 의도적으로 선택했다기보다는 예술가이자 작가로서 어구나 문단의 문법이나 미학적 구조 전체를 바꾸지 않고서도 변용할 수 있는 정확한 구문을 자연스레 발견한 것이라고 생각된다.

1975년부터 1980년까지 나는 엘리케 호세 바로나 고등교육연구소에서 에르네스토 게바라 저작들의 문학적 가치라는 주제로 에스파냐어 문학 전공 대학원 학위 논문을 쓰는 몇몇 학생을 지도한 적이 있다. 체가 상황을 묘사를 할 때와 시적 언어를 구사할 때, 라틴아메리카어의 표현을 사용할 때, 유머를 사용할 때 드러나는 다양한 방식이 무척 흥미로웠다.

체의 묘사 방식은 에스파냐어와 문학 학습에 본보기로 활용될 수 있다. 그는 마치 화가가 얼굴이나 풍경, 상황이나 분위기를 묘사하는 것 같은 능력으로 어휘를 구사할 줄 아는 장인이었다. 그래서 쿠바와 라틴아메리카 학생들은 그의 산문에 담겨 있는 아름다운 시적 표현뿐 아니라 도덕적 메시지와 혁명적 전투성을 배우기 위해 그의 저작들을 공부해야 한다고 생각한다.

그러한 사례를 우리는 특정한 사람을 묘사하는 데서 찾아볼 수 있다. "프랑크 파이스는 처음 만나면 강렬한 인상을 주는 그런 사람이었다. 그의 얼굴은 사진에서 보여 주는 것과 다소 비슷하지만 그의 두 눈은 비범한 깊이가 있었다."[27]

또한 상황을 묘사할 때도 그러한 것을 발견할 수 있다

우리는 보트에 온갖 종류의 짐과 사람들을 빼곡히 싣고 불을 끈 채 툭스판 항을 출항했다. 날씨가 너무 안 좋아 항해가 금지되어 있었고 강 하구는 정적이 감돌았다. 우리는 유카탄 항구 들머리를 지난 다음 불을 밝혔다. 뱃멀미를 대비하여 예방하기 위해 항히스타민제를 미친 듯이 찾기 시작했으나 찾을 수 없었다. 그러고는 대략 5분 동안 쿠바 국가와 7·26운동 노래를 부른 다음, 얼굴에 불안한 기색이 역력한 채 배를 움켜잡고 있는 사람들 때문에 작은 배는 온통 희비극적인 상황에 빠져들었다. 몇몇 사람들은 양동이에 머리를 처박고 있었고 또 어떤 이들은 토사물로 더럽혀진 옷을 입은 채 기이한 자세로 자빠져 있었다. ……[28]

또 다음과 같은 풍경 묘사도 있다.

　정말로 거기서는 모두가 매복의 냄새를 맡았다. 우리를 둘러싼
무성한 숲 한가운데 조그만 샘물이 졸졸 흘러나오는 황량하고 이
상한 광경이 펼쳐졌다. 나무들은 일부는 우뚝 서 있고 일부는 불에
타 드러누워 우수에 잠긴 인상을 주었다.[29]

　객관적인 풍경이나 상황과 사로잡는 주관적인 감정을 결합하
는 방식은 특히 주의를 끈다. 감정적인 것이 관찰을 통한 이성에
기초하고 있다는 점에서 참으로 놀라운 종합이다. 예컨대, "불안
이 가득했던 지난날.[30] 평온하고 원기를 회복한 날.[31] 패배한 날.[32]
힘들고 식욕이 없는 날.[33] 검은 날.[34] 약간 걷고 놀라고 긴장된
날.[35] 힘들고 더딘 날.[36] 잿빛으로 물든 다소 불안한 날."[37]

　에르네스토 게바라는 객관적으로나 주관적으로도 현실을 충
실하게 반영했다. 그는 역사적 전개 과정을 서술하는 모든 사람
들에게 진실하라고 요구했다. 그는 《쿠바 혁명전쟁의 여정》 서문
에서 그 점을 여실히 보여 주었다. 그는 생존자들에게 혁명전쟁
에 관한 이야기를 써서 다른 사람들에게 전할 것을 권하면서도
동시에 진실할 것을 권고했다.

　다만 우리는 화자에게 엄격하고 진실할 것을 요구할 뿐입니다. 개

인적인 위상을 드러내거나 과장하기 위해서, 또는 어떤 곳에 있었던 척하기 위해서 부정확한 사실을 이야기해서는 안 됩니다. 쓸 수 있는 만큼 몇 페이지를 쓰고 난 다음에는 자신의 교육 수준이나 재량에 따라 가능한 한 자기비판을 통해 실제 사건을 엄격하게 묘사하지 않은 말이나 글쓴이가 완전히 확신하지 않는 말을 제거할 것을 우리는 요구하는 것입니다. 이러한 정신으로 우리의 기억을 떠올릴 수 있을 것입니다.[38]

이 문단은 문필가로서 원칙을 표현하는 것이라고 생각된다.

작품은 상상이 아니라 현실의 과정에서 나오는 것이다. 그럼에도 불구하고 등장인물의 행동과 태도, 감정을 기술하는 필자의 심리학적 통찰력 덕분에 마치 허구적 소설을 읽는 것 같은 생각이 들기도 한다. 그러한 사례는 우리 나라 학교에서 어린이와 청소년들에게 정서적이고 감동적인 이야기로 활용되고 있는 체의 수필 〈교살당한 강아지〉의 놀라운 마지막 부분이다. 만약 개가 짖으면 게릴라들의 존재가 발각되어 바티스타 군대에게 추적당하는 빌미를 줄 수 있기 때문에 어쩔 수 없이 불과 몇 주밖에 안 된 사냥개를 죽일 수밖에 없었다는 이야기다. 다음과 같은 방식으로 결론을 내린 데서 그러한 통찰이 잘 드러난다.

저녁에 어느 집에 도착했는데 역시 비어 있었다. 그 집은 '푸른

바다'(Mar Verde)라는 농막이었는데 거기서 우리는 쉴 수 있었다. 돼지고기와 카사바 따위로 요리를 해 이윽고 식사가 준비되었다. 누군가 기타를 치면서 노래를 불렀다. 농막은 안에 온갖 세간이 널 브러진 채 황급히 버려진 것 같았다.

나는 그때 그 노래가 감상적인 노래였는지, 또 밤이었는지, 피곤 했는지 잘 알 수 없다. …… 다만 땅바닥에 앉아서 식사를 하던 펠 릭스가 뼈다귀를 하나 던진 것은 확실하다. 이웃집 개가 얌전하 게 와서 그 뼈를 집었다. 펠릭스가 머리를 쓰다듬자 개는 펠릭스를 쳐다보았다. 펠릭스는 뒤돌아보고 나와 죄스러운 눈빛을 교환했다. 갑자기 우리는 모두 조용해졌다. 거의 알아챌 수 없는 충격이 우리 를 덮쳤다. 비록 다른 개를 통해서였지만 도살당한 개가 온순하면 서도 책망하는 듯한 짓궂은 눈빛으로 우리 곁에 있었다.[39]

체는 이렇듯 리얼리즘적인 묘사로 독자들에게 감정의 물결을 불어넣어 자신과 함께 울고 웃게 만든다.

체는 언어의 순수성에 신경을 쓴다. 그는 상스런 말을 '자극하 거나 흥분시키는 욕설'이라고 정의할 때 언급했을 뿐, 다른 곳에 서는 사용하지 않는다.

체는 은유와 상징, 직유를 사용하는 데 놀라운 달인이다. 그는 감정을 더하여 현실을 시적으로 해석하고자 할 때 그러한 비유 법을 사용한다. "완전한 자유는 뼈대는 이미 만들어졌다. 여기에

살을 붙이고 옷을 입힐 필요가 있다. 우리는 그렇게 할 것이다."⁴⁰
"이미 말했듯이 게릴라는 달팽이처럼 집을 지고 다니는 군인
이다. ······"⁴¹ "카밀로는 충성을 종교인 것처럼 실천했다. ······"⁴²

직설적인 언어에도 불구하고 은유는 표현력에 힘을 실어 그의
수수한 문체를 풍부하게 하고 열성 독자들에게 생각의 여지를
남긴다. 그 가운데 두드러진 것은 엘리세오 레예스(Capitan San
Luis, 1940~1967, 체와 함께 볼리비아 게릴라 투쟁에 참여했다가 사망
한 쿠바 출신 혁명가. 이 책의 원서를 펴낸 출판사가 그의 이름을 따온
것이다-옮긴이)의 죽음에 관해 언급한 다음과 같은 구절이다. "용
감한 대위, 당신의 조그만 시신은 그 금속 형상을 무한한 우주로
펼쳤습니다."⁴³

그의 산문에 나타나는 또 다른 특징은 상황에 대한 표현과 분
석에서 드러나는 세련된 유머 감각인데, 이것은 언어 교육에서
문체를 가르칠 때 활용될 수 있다.

우리는 독자들을 웃기면서도 동시에 생각하게 하는 사회적·정
치적인 비판적 유머를 그의 글 곳곳에서 발견할 수 있다. 또한 그
의 편지와 연설에서 우리는 일상생활과 연결되어 있는 다양하고
생생한 어휘들을 발견할 수 있는데, 체는 그것들을 사용하여 때
로는 유머나 풍자의 효과를 내면서 모순을 표현한다. 그가 잡지
《정신병원》의 발행 부수가 너무 많다고 지적한 공개편지에서 좋
은 사례를 발견할 수 있다.

내 정신을 신경경제학적인 정신병의 문턱까지 데려가는 듯한 의심이 든다. 쥐들이 정신의학 지식을 늘리거나 위장을 덮히기 위해 이 잡지를 이용할까? 과연 모든 환자들이 머리맡에 이 잡지를 한 권씩 둘까?

진지하게 말하면 이 잡지는 좋지만 어이없는 발행 부수는 참을 수 없다. 나를 믿으시라. 왜냐하면 미친 사람은 언제나 진실을 말하기 때문이다.[44]

또한 마리아 로사리오 게바라가 그와 성이 같다는 이유로 친척이 아닌가 하고 물어온 편지에 대한 답장에서도 비판적인 유머를 발견할 수 있다. "사실 나는 우리 가족이 에스파냐의 어느 곳 출신인지 잘 모릅니다. 물론 우리 선조들은 오래전에 맨손에 무일푼으로 그곳을 떠났지요. 지금 내가 그때와 다른 모습이라면, 그것은 그런 처지가 불편하기 때문입니다."[45]

특유의 문체가 훨씬 더 심각하고 심오하여 강건한 아름다움이 넘치는 한 문서에 주목하기 바란다. 자신의 정치적 유언장이라고 생각되는 〈세 대륙에 보내는 메시지〉(Mensaje a la Tricontinenal)를 염두에 둔 것이다. 이 문서는 이전에 쓴 글들과 마찬가지로 제국주의에 맞선 투쟁에 대한 그의 일반적 호소라는 점에서 보편적인 의미를 띠고 있다.

우리의 모든 행동은 제국주의에 대항한 투쟁의 함성이며 인류의 적 미국에 대항하는 민중의 통일을 위한 절규이다. 만약 우리의 이러한 투쟁의 함성이 듣는 이의 귀에 도달하여 사람들이 우리와 함께 무기를 들기 위해 손을 뻗는다면, 요란한 기관총 소리, 전쟁과 승리의 새로운 외침 속에서 구슬픈 노래에 장단을 맞출 준비가된다면, 죽음이 우리에게 갑자기 찾아오더라도 언제든지 환영할 것이다.[46]

이 메시지를 읽으면 우리가 자신이 생각하는 것과 같은 리듬으로 말하는 언어의 장인 앞에 서 있다는 느낌이 든다. 호세 안토니오 포르투온도는 체의 웅변술에 대한 에세키엘 마르티네스 에스트라다의 평가에 관해 논평한 바 있는데, 알아 두면 매우 흥미로울 거라고 생각한다.

예외적인 증인이자 판관으로서 에세키엘 마르티네스 에스트라다는 아바나대학에서 체 게바라의 강의를 듣고 난 뒤 이렇게 말했다. "그는 제스처나 목소리의 비장한 톤도 없이, 강조나 수사적 표현도 없이 조용한 어조로 이야기했다. 그는 주제에 관해 완전히 파악한 듯 확신을 가지고 말했다. 그는 청중 한 사람이 아니라 수많은 가족들을 바라보면서 소탈하지만 위엄 있게 이야기했다." 그리고 나중에 이렇게 말했다. "나는 나중에 그의 연설문을 읽고 차갑게 인쇄

된 문장에도 여전히 그의 목소리에서 나오는 설득력이 그대로 담겨 있다는 사실을 깨달았다." 마르티를 이해하고 사랑하고 탁월하게 해설한 문필가 마르티네스 에스트라다는 이렇듯 체의 웅변술의 특징에 대해 예리하게 평가하고 있다. 또한 체의 모든 산문에서도 그러한 특징이 나타난다. 비장함도 없고 레토릭을 남용하지 않는 조용한 말투, 주제에 대한 완전한 파악과 확신, 소탈함과 위엄. 어떤 사람들은 연설의 느린 리듬과 강조가 없는 톤의 목소리를 호흡과 관련된 신체적인 한계 때문이라고 말하기도 하지만 그것은 사실이 아니다. 실제로는 교육적 표현이라는 확고한 목적이 있기 때문에 그런 것이다. 그러한 목적을 위해 그가 엄격하고 계산된 논리적 추론과 세심한 변증법적 배치를 구사한다는 점은, 기다란 삽입구나 현란하지만 혼란을 불러일으키는 삽입 절을 피하는 대신에 요점에 직설적으로 다가가서 매번 마침표를 반복적이고 단호하게 찍거나 잠깐 쉴 때에는 세미콜론을 자주 찍는 데서 잘 반영되고 있다.[47]

연설에서 나타나는 특징은 그가 쓴 편지에서도 잘 드러나는데, 그의 편지들은 물론 호세 마르티를 생각나게 한다. 그의 딸 일디타의 열 살 생일에 보낸 편지, 부모에게 보낸 편지, 피델과 쿠바 민중에게 보낸 편지 등은 모두 그의 숱한 편지 가운데 귀중한 것으로 쿠바의 초등학교에서 중등학교까지 학습 주제로 삼을 필요가 있다. 이 편지들에는 문학적 아름다움과 정확하고 직설적인 언어, 애정 어린 감정과 혁명정신, 때로는 엄격함과 미묘한 반어법이 들어있기 때문이다. 휴머니스트로서 체의 진정한 면모가 편지에서 잘 드러나는 까닭에 그의 편지들은 연구의 필수적인 원천이 된다. 만약 우리가 그의 부모에게 보낸 편지 가운데 다음 대목을 읽지 못한다면 그의 친밀한 애정을 어떻게 알 수 있겠는가?

저는 당신들을 매우 사랑했지만 어떻게 내 애정을 표현해야 할지 몰랐을 뿐입니다. 제 행동이 너무 경직되어 있어 때때로 저를 이해하지 못했으리라고 생각합니다. 저를 이해하는 것이 어려웠겠지만 오늘만은 저를 믿어 주십시오. 장인의 즐거움으로 단련한 제 의지가 약한 다리와 피곤한 폐를 지탱해 줄 것입니다. 저는 그 일을 할 것입니다.[48]

자녀들에게 보낸 그의 편지를 읽지 않고 어떻게 그의 직설적이고 명료하고 심오한 언어를 칭송할 수 있겠는가?

사랑하는 일디타와 알레이이타, 카밀로, 셀리아, 에르네스토에게.
너희들이 언젠가 이 편지를 읽게 된다면 그때는 내가 더 이상 너희와 함께 있지 않을 것이다. 너희들은 나를 거의 기억하지 못할 게다. 가장 어린 녀석은 전혀 기억 못하겠지. 너희 아버지는 자신이

생각한 대로 행동한 사람이며, 자신의 신념에 진정코 충실했단다. 홀륭한 혁명가로 자라거라.[49]

그가 파리에 있는 소르본대학 고등연구원 샤를 베텔렝 원장에게 보낸 편지도 찬찬히 읽어 볼 필요가 있다. 그 편지에는 상대를 대하는 진지함이 특유의 반어법적 유머와 뒤섞여 있다.

나는 '다시 한 번 우리의 차이에 관해' 당신과 토론할 수 있기를 바랍니다.
일단 혼돈에서 좀 더 전진하면, 아마도 창조가 일어난 첫·번째나 두 번째 날에 나는 충돌하고 서로 교차하며 때로는 정돈되는 사상의 세계를 가지게 됩니다. 나는 우리 상호간의 논쟁점에 그것들을 보태고 싶습니다.[50]

한 청년의 인격에 깊이 파고드는 집중적인 메시지의 사례로 1959년에 카르데나스에 사는 후안 에옹 킨타나에게 쓴 편지를 꼽을 수 있다.

당신의 태도를 높이 평가합니다. 우리 젊은이들이 도미니카공화국에 자유를 가져다주기 위한 고상한 대의에 기꺼이 희생하려고 하는 자세는 언제나 좋은 일입니다. 하지만 지금 우리가 투쟁해야 할 곳은 엄청난 어려움을 극복해야 하는 여기 쿠바입니다. 당분간 우리의 혁명을 위해 정열적으로 일하기 바랍니다. 그것이 우리가 도미니카 민중을 도울 수 있는 가장 좋은 길이 될 것입니다. 말하자면 우리의 완전한 승리로 본보기를 보여 주는 것이지요.[51]

물론 우리 모두가 대부분 기억하고 있지만 언급하지 않고 넘어갈 수 없는 문서가 있다. 그것은 피델에게 보낸 작별 편지로서, 쿠바 민중과 민중에 대한 우애와 사랑을 느끼는 모든 이들에게 깊은 감동을 주었다. 여기에 그 일부를 인용한다.

내가 쿠바의 본보기가 된다는 것 말고는 나는 쿠바에 어떤 책임도 없다는 점을 다시 한 번 말씀드립니다. 내가 다른 하늘 아래에서 마지막 순간을 맞이하더라도 나의 마지막 생각은 쿠바 민중과, 특히 당신이 될 것입니다. 당신의 가르침과 당신이 보여 준 행동에 감사하며 내 활동이 끝나는 순간까지 거기에 충실하고자 노력할 것입니다. 나는 언제나 우리 혁명의 외교 정책과 동일시되어 왔고 앞으로도 그럴 것입니다. 어디에 있든지 나는 쿠바 혁명가로서 책임감을 느끼고 그에 걸맞게 행동할 것입니다.

내 아내와 아이에게 어떤 물질적인 것도 남기기 않은 것을 애석하게 생각하지 않습니다. 오히려 그렇게 하게 되어 기쁩니다. 나는 가족들을 위해 아무것도 요구하지 않을 것입니다. 국가가 그들에게 생계와 교육에 필요한 것들을 충분히 줄 것이기 때문입니다.

당신과 우리 민중에게 하고 싶은 말들이 많지만 필요하지 않다는 생각이 듭니다. 하고 싶은 말을 글로 다 표현할 수 없는데다가 이런 메모지에 쓸 가치도 없는 것 같습니다.

영원한 승리를 위하여. 조국이냐 죽음이냐!

혁명적 열정으로 가득 담아 당신을 포옹합니다.

체[52]

에르네스토 게바라의 저작들을 분석하고 난 다음 우리는 그것을 우리 언어인 에스파냐어와 문학, 쿠바 역사교육에 사용하는 것이 중요하다는 처음의 생각을 다시금 확인하게 되었다.

수년 동안 체의 저작을 대학과 에스파냐어와 문학 교수 훈련에 성공적으로 사용해 온 에메리투스 시라 소토 팔렌케 교수의 경험을 돌이켜보면, 우리 나라 초등학교부터 중등학교까지 체의 저작을 더 널리 사용하는 것이 좋겠다는 생각이 든다.

그의 사상이 지닌 효력과 그가 가진 정서의 감수성을 고려할 때, 그의 저작에 대한 연구는 어린이부터 청년에 이르기까지 배우는 학생들에게 중요한 흔적을 남길 수 있을 것이다.

맺음말

  에르네스토 게바라의 교육 사상에 대한 고찰을 마무리하면서, 우리는 1959년 12월 28일 라스비야스대학의 교육학 명예박사 학위 수여식에서 그가 한 말을 다시 한 번 언급하지 않을 수 없다.

  그날 그는 교육학 교수라는 새로운 지위에서 학생들과 교수진에게 연설하면서 혁명 과정에 있는 이 나라에서 대학의 역할에 대한 중요한 주장을 펼쳤다. 그는 만약 대학이 엘리트주의를 벗어나지 않고 노동자와 농민, 흑인들과 취약한 사람들에게 개방하지 않는다면 그 민중이 대학을 공격하여 편견과 차별의 벽을 허물 것이라고 분명하게 말했다.

  같은 해 10월 17일 오리엔테대학에서 한 그의 연설과 주장은 그가 교육학 박사로 학위를 수여받은 가장 중요한 이유였다.

하지만 12월 28일의 연설에서 체는 박사학위를 개인 자격으로는 받을 수 없다고 말했다. "…… 이렇게 말하는 단순한 이유는, 말하는 것에 걸맞은 내실이 없는 어떤 것도 새로운 쿠바에서는 설 자리가 없기 때문입니다."[1]

그가 이런 말을 한 것은 자격이 없는 사람들에게 거짓 학위나 명예학위가 숱하게 수여되는 일이 쿠바인들의 기억에 생생하던 때였다. 그동안 단순히 높은 공직에 있는 사람에게 존경이나 서훈, 거짓 아첨을 확실히 표현하는 수단으로 명예학위가 수여되던 것이다.

이 책에서 주장하려고 했던 바와 같이, 체는 자신이 말하고자 했던 것에 부합하게 내용을 채웠다고 우리는 다시금 확신한다. 나아가 체의 저작이 지난 30년 동안 쿠바 사회주의 건설 과정에서 교육과 인간 형성에 관한 저작들 가운데 가장 심도 깊은 주장이라고 우리는 분명하게 말할 수 있다. 그의 성찰은 세월의 풍상과 새로운 모순을 견뎌 왔으며, 오늘날 사회주의 사회 건설과 사회주의적 삶을 위한 청년들의 교육을 포기한 나라들에서 유지되고 있는, 근거가 취약한 이론들의 격랑 속에도 버텨 왔다.

에르네스토 게바라는 새로운 인간 교육의 문제를 역사적·사회적 차원에서 정당하게 평가했다. 또한 그는 새로운 인간성 형성의 과학적 기초를 마련할 필요성이 있다고 보고, 쿠바의 경험이

전 세계의 문화적 자산을 살찌우는 데 기여할 수 있다고 생각하면서 이렇게 말했다.

　…… 21세기 인간은 비록 주관적이고 체계화되지 않은 소망이지만 우리가 창조해야 하는 인간상입니다. 이것은 정확하게 우리가 연구하고 이루어 내야 하는 기본적인 목표입니다. 우리가 이론적 토대에 기초하여 구체적인 성과를 이루어 내거나 거꾸로 구체적인 연구에서 폭넓은 이론적 결론을 끌어낼 수 있다면 우리는 마르크스레닌주의와 인류의 대의에 가치 있는 기여를 하게 될 것입니다.[2]

혁명이 승리한 첫날부터 체는 새로운 유형의 인간을 형성하는 것이 중요하다는 점을 알아차렸다. 그가 '체계화되지 않은 소망'이라고 언급한 것은, 당시 세계 사회주의 체제의 환경 속에서 그러한 인간성 형성이 거의 진전되지 않았다고 평가했기 때문이다.

그가 우리 나라에서 그러한 인간성 형성 과정에서 나타난 모순을 분석한 〈쿠바의 사회주의와 인간〉이 나온 지 40여 년이 흘렀다. 오늘날 어느 정도 진보가 있었지만 그러한 복합적인 과정의 이론적·실천적 개념에서 볼 때 우리가 이룬 성취에 충분히 만족할 수 없다.

이러한 전제 위에서 우리는 이 책의 마지막 성찰로 나아가고자 한다. 물론 이것은 결론이 될 수는 없고 다만 쿠바의 혁명 과정에서 우월한 인간성의 형성에 체가 기여한 것들에 대한 추론 또는 평가에 불과하다.

사회주의 이행의 시기에 체가 만들어 낸 새로운 유형의 인간에 대한 개념은 변증법적 성격을 띠고 있다. 왜냐하면 그는 이전 사회에서 형성된 인간성 대부분을 부정하는 방식으로 인간성을 파악했으며, 오직 인간이 점진적으로 개선되는 과정을 통해 그러한 변화가 가능하다고 생각했다.

우리는 이러한 변증법적 과정에서 나타나는 모순을 충분히 연구했던가?

체는 인간이 사회 변화를 이루어 내는 적극적인 주체가 되는 한에서 새로운 유형의 인간성 형성이 가능하다는 개념에 기초하여 인간성을 규정을 하고 있다. 따라서 그는 혁명 이전의 단계에서 여러 가지 적대적인 조건에도 불구하고 권력을 장악하는 투쟁에 전투적으로 참여하거나 사회주의를 건설하기 위한 일상적인 행동을 통해 사회를 변화시키는 주체가 된 수많은 사람들 가운데서 새로운 유형의 인간이 나타났다고 평가했다. 우리는 이러한 변화 과정에 모든 개인을 끌어들였는가?

체의 교육 사상의 핵심적인 기준 가운데 하나는 새로운 사회를 건설하는 과정에서 경제적 성과와 인간 교육의 진보가 함께 이루어져야 한다는 주장이다. 체는 이것을 교육과정을 이해하는 열쇠라고 보았다. 병행되는 교육은 모든 사람들과 모든 요소들이 참여하는 복잡한 과업이며, 물질적 재화의 생산은 새로운 인간성의 발전에 비해 과대평가되어서는 안 된다. 왜냐하면 인간성은 생산이 발전함과 동시에 변화할 것이기 때문이다. 만약 혁명이 그저 물질적 생산에만 그치고 새로운 인간을 생산하지 않는다면 과업을 제대로 달성했다고 할 수 없다.

체는 휴머니즘을 우월한 인간성에 본질적인 요소의 하나라는 점을 강조했다. 그에게 휴머니즘 의식은 사회주의 사회에서 새로운 도덕의 기초였다. 그가 말하는 휴머니즘 의식이란 인간의 다면적인 발전을 가능하게 하고 물질적·정신적 욕구를 충족시킬 수 있는 행동에서 표현되는 인간됨에 대한 관심을 말한다. 또 휴머니즘은 사람이 다른 사람들에 대해 형제애를 느끼게 하는 것이다.

휴머니즘, 그리고 우리 사회가 요구하는 새로운 인간 교육에 대한 휴머니즘의 이론적·실천적 관련성은 체의 연구와 이론적 주장에서 핵심을 이룬다. 그는 마르크스레닌주의에 기초하여 그러한 휴머니즘은 우선 생산수단의 사적 소유를 폐지하고 사람들 사이의 사회경제적 차이를 제거함으로써 구체화되어야 한다고 생각했다. 하지만 그것만으로는 휴머니즘 의식을 형성할 수 없다는 점을 경고했다.

그는 이러한 우월한 인간성을 형성하는 과정에서 노동의 역할을 매우 높게 평가했다. 소외된 노동이 자유로운 노동으로 대체

되는 역사적 조건에서 노동은 인간을 조형하는 것이라고 규정했다. 그래서 노동자들이 생활 수단으로서의 노동 개념을 삶의 필요로서의 노동 개념으로 대체할 수 있도록 하는 교육적 노동을 강조했다.

그는 노동자들이 자신의 역할을 충분히 인식하지 못하고 공장이 과거 주인에게 속한다고 여전히 생각한다고 보았다. 그리하여 노동자들이 해고될 우려가 없다는 것을 알고는 규율을 어기거나 최선을 다하지 않는 현상을 깊이 있게 분석한다. 따라서 인간을 노예로 만드는 것은 노동 그 자체가 아니라 노동자가 생산수단의 소유자가 아니라는 사실에 있다는 점을 노동자들이 인식하도록 해야 한다고 역설한다.

그는 새로운 인간의 발전을 평가하는 요소가 될 수 있는, 노동에 관한 새로운 의식을 옹호한다. 인간은 다음과 같은 것을 느낄 때 자신의 인간성을 높은 경지로 끌어올릴 수 있다고 그는 분석한다.

노동은 우리의 도덕적 필요가 되어야 하며, 매일 아침, 점심, 저녁에 새로운 열정과 쇄신된 흥미로 행하는 어떤 것이 되어야 한다. 우리는 노동에서 재미있고 창조적인 것을 끌어내는 법을 배워야 하고, 우리 노동과정 속에 있는 기계의 가장 미세한 비밀까지도 알아야 한다.[3]

자발적 노동의 교육적 역할은 의심의 여지없이 우리의 교육 사상에 체가 이바지한 부분이다. 그는 자발적 노동이 사회적 이익을 위한 개인의 구체적인 기여이며, 개인주의 의식에서 집단주의 의식으로 나아가는 증거라는 점을 분명하게 말했다.

자발적 노동은 의식을 형성하는 학교다. 그것은 사회 속에서 사회를 위해 행해지는 개인적이고 집단적인 노력으로서, 공산주의로 이행 과정을 촉진할 수 있도록 우리의 고양된 의식을 형성한다.[4]

이처럼 자발적 노동에 대한 진정한 개념을 분명하게 하는 것이 중요하다. 왜냐하면 일상의 실천에서 개인들이 자발적 노동을 자신의 의지와 무관하게 지고 있는 사회적 의무인 것처럼 부적절하게 해석하는 경우가 종종 있어 왔기 때문이다.

그러한 것은 체가 주창하거나 적용한 자발적 노동 개념이 아니다. 체는 자발적 노동이 잘못 해석되거나 실행 과정에서 있을 수 있는 문제점을 내다보고 그것의 근본적인 교육적 기초는 자발성에 뿌리내리고 있다고 주장했다. 또한 그는 자발적 노동을 실행할 수 있는 조건이 갖추어지고 진정으로 필요한 곳에서 자발적 노동을 하는 것이 중요하다는 점을 역설했다.

체는 쿠바 사회의 모든 구성원들이 행복과 물질적·정신적 복지를 성취하기 위해 사회주의 건설에 참여하고 헌신하는 것은, 우월한 인간성을 공고히 하는 이념적 자질을 획득하는 데 필수불가결한 길이라고 생각했다.

> 마르크스주의자는 모든 사람들 가운데서 가장 훌륭한 사람, 가장 완벽한 사람이 되어야 하지만, 무엇보다도 먼저 인간이 되어야 합니다. …… 자신의 휴식 시간이나 개인적인 평온함, 자신의 가족이나 자신의 삶을 혁명에 바치는 고뇌하는 노동자, 하지만 인간적 접촉에서 나오는 온기에 결코 무감각하지 않는 노동자.[5]

휴머니즘은 우리 나라의 모든 시민들이 일상적으로 어떤 결정을 할 때 작동하고 있는가? 휴머니즘 의식은 생산에서, 서비스 부문에서, 교육에서 이루어지는 모든 분석의 기초가 되고 있는가?

집단주의는 개인들 간의 관계에서 새로운 인간성과 휴머니즘의 표현인 동시에 조사 연구의 대상이며, 체의 이론과 실천에서도 실험의 대상이었다고 분명하게 말할 수 있다.

개인의 이익보다 사회적 이익을 우선시하고 이기주의와 개인주의, 개인적 야망을 제거할 때 인간은 우월한 인간성이라는 자질에서 높은 수준에 도달한다. 그러한 인간성은 하루아침에 갑자기 얻을 수 있는 것이 아니라, 가정과 학교생활, 나중에는 직장생활까지 긴 시간 동안 끈질기고 체계적으로 어린이와 청년을 교육하고 성인을 의식화하는 부단한 과정으로 얻을 수 있다.

이 점은 명확히 해두어야 한다. 왜냐하면 집단적 이익을 높은 수준으로 고양하는 것이 개인적 이익을 제거하거나 과소평가한다고 잘못 말하는 경우가 종종 있기 때문이다. 개인의 이익은 합리적으로 분석하면 사회적인 것을 함축하고 있다.

체는 새로운 쿠바 사회의 건설에 의식적으로 참여하는 것이 앞에서 언급한 자질을 형성하는 기본적인 방법이라고 생각한다. 개인들은 어떤 유형의 활동이든 관계없이 의식적으로 참여할 때 그러한 참여가 영향을 미치고 인간성에 발자국을 남기게 된다. 따라서 모든 어린이와 청년, 성인, 노인들이 사회적으로 의미 있는 활동에 개인으로 참여하면서 확실하게 능동적인 주체가 될 수 있도록 하는 것은 새로운 유형의 인간성을 교육하는 가장 효과적인 방법이다.

다른 한편, 체는 참여 그 자체가 바람직한 자질을 형성하는 것은 아니기 때문에 인간의 자질을 형성하는 원천이 되기 위해서는 사회적 활동의 성격이 중요하다고 지적한다.

체는 모든 인간이 다른 사람들을 위해 뭔가 쓸모 있는 일을 해야 한다는 호세 마르티의 사상에서 커다란 영감을 얻었다. 마르티는 아메리카의 어린이들에게 다음과 같이 말했다. "어린이들은 누가 다른 사람들에게 좋은 일을 할 수 있는지 보기 위해 적어도 일주일에 한 번씩은 모두 함께 모여야 한다."[6]

체는 인간성과 가치 체계를 형성하기 위한 방법을 체계적으로 연구했다. 설득과 본보기, 비판과 자기비판에 대한 그의 깊이 있는 연구에 견주면, 이 책에서는 그 주제에 관해 피상적으로 다루는 데 그쳤다.

비판과 자기비판을 꾸준히 활용하는 방법은 교육 방법으로서 그 본질과 내적 규칙성이 밝혀질 때 아마도 더 체계화될 것이다. 그는 문제점들을 기술하는 것은 잘못을 폭로하는 데 본질이 있는 것이 아니라, 다만 시작일 뿐이며 그 원인을 설명하고 책임 소재를 밝히고 해결책을 찾아야 한다고 지적했다. 이로써 그는 우리 쿠바 사회의 상황에서 사람들이 삶을 준비하는 과정에 걸맞은 교육 방법의 본질을 제시하고 있는 셈이다.

사람들의 일상생활, 즉 학교와 일터, 사회에서 더불어 살기 위한 준비는 체가 쿠바 교육 사상에 기여한 탁월한 부분이다. 혁명 초기부터 그는 사람들에게 훌륭한 자질과 도덕적 가치를 불어넣기 위한 집중적인 교육적 노동의 필요성에 주목했다. 그는 사회 전체가 거대한 학교가 되어야 한다고 말했다. 말하자면, 모든 개인은 전체 사회와 자신이 활동하는 구체적인 집단의 도덕적 힘을 느껴야 하며, 모든 개인과 지도자, 조직은 다른 사람들에게 교육적 영향력을 행사한다는 것이다.

이 때문에 우리는 에르네스토 게바라가 이론적으로뿐 아니라 실천적으로도 우리 나라 사회교육의 추진자라고 분명하게 말할 수 있다. 그가 사회교육을 스스로 실천했기 때문이다. 우리는 민중 교육을 촉진하기 위해 체가 시작한 이러한 노선을 지속적으로 발전시켰는가? 우리는 그러한 현대 과학을 실천적으로뿐 아니라 이론적으로 충분하게 체계화했는가?

조국과 아메리카의 역사를 어떻게 학습해야 하며, 위대한 인물들을 어떻게 평가해야 하고 역사적 사건을 어떻게 분석해야 하는가에 관한 체의 관점은 어린이와 청년 교육에서 이론적·실천적으로 활용될 수 있는 방법론적 교훈이 되고 있다. 그는 언제나 변증법적 관점에서 인간을 둘러싼 구체적인 역사, 즉 개인들이 삶에서 겪는 일상적인 경험 세계의 관계에 우선순위를 둔다. 우리는 쿠바 학교의 교육적 실천에서 이러한 관점의 유용함을 충분하게 끌어내고 있는가?

체의 저작들(논문, 전쟁 이야기, 편지, 연설문, 시)은 우리 아이들과 청년들의 체계적인 학습 자료로 활용되어야 한다. 그것들은 이 책에서 서술한 바와 같이 문학적 가치뿐 아니라, 학생들이 직접 읽고 해석함으로써 분석과 토론을 할 수 있는 좋은 자료로서 숨은 교육적 가치가 있기 때문이다.

우리 아이들과 청년들은 체의 저작을 잘 알고 있는가? 우리는 그의 저작에서 현재의 문제들을 해결하는 데 기여한 부문을 제대로 찾고 있는가?

이 결론에서 우리는 애국주의와 국제주의, 물질적·도덕적 인센티브, 체가 폭넓게 연구하고 이론적으로 토대를 다진 교육 방법에 관한 것들은 다루지 않았다. 왜냐하면 이런 주제에 관해서는 한편으로는 아르만도 차베스와 올리비아 미란다, 티르소 사엔스 같은 이들이 이미 출판한 책에서 다루기도 했고, 다른 한편으로 체의 저작을 연구하는 새로운 연구자들이 새로운 연구를 개척하고 그러한 주제들에 천착할 필요가 있기 때문이다.

21세기 초 단극화된 세계는 신자유주의 지구화로 인한 경제 위기의 여파로 빈곤과 사회 부정의가 증대하고 있다. 쿠바는 동유럽 사회주의권의 붕괴와 미국의 부당한 경제봉쇄에 따른 심각한 경제 문제로 어려운 시기를 겪어 왔다. 지금은 사회주의 프로젝트를 포기하지 않고 약간의 사회적 불평등을 용인하는 경제로 전환하면서 동시에 불평등의 결과와 힘겨운 투쟁을 벌여야 하는 시기이다.

오늘날의 사상투쟁은 사회정의를 위한 투쟁에 초점을 맞추고 민중의 사회경제적 발전 수준을 끌어올리기 위한 수단이 되어 왔다.

지금 이 시기는 체의 사상과 본보기가 더욱 강력한 힘을 발휘하는 시기이다. 체는 가장 훌륭한 인간을 진정으로 대표할 뿐 아니라, 호세 마르티가 말한바 "인간의 진보와 미래, 선한 본성에 대한 믿음"7을 가진 사람들을 위한 역사적 낙관주의를 상징하기 때문이다.

체의 사상을 학습할 때 우리는 저작들뿐 아니라 그의 혁명적 실천과 구체적인 문제에 대한 실천적 해결을 분석해야 한다. 그렇게 하지 않으면 사상의 핵심을 끌어내는 것이 불가능하다. 왜냐하면 그는 이론과 실천에서 행동하는 인간이었기 때문이다. 훌륭한 교사란 어떤 사람인지를 설명하면서 피델 카스트로가 말했듯이, 그는 호세 마르티 방식으로 말과 행동의 결합을 탁월하게 실천했다.

체의 이론적 기여는 단지 그의 저작집에 있는 논문과 편지, 연설문, 대담에만 있다고 말할 수 없다. 그의 혁명적 삶과 실천에서도 그것을 찾아내야 한다. 이러한 접근 방법은 혁신적이고 독단에 반대하는 그의 교육 사상을 학습하기 위한 방법론적 원칙의 기본이다.

체는 우리 나라의 사회주의 건설 과정에서 인간 교육의 이론적 기초를 정립할 필요성을 역설한다. 이와 동시에 쿠바의 상황이 구체적인 역사적·사회경제적 조건으로 인해 독특하고 반복될 수 없기 때문에 새로운 길을 우리가 스스로 모색해야 한다고 주장한다.

결론적으로 우리는 이 책이 '교육사상가 에르네스토 게바라 입문'이 될 수밖에 없다는 점을 고백할 수밖에 없다. 그의 교육 사상은 마르지 않는 샘물과도 같기 때문이다. 이 책의 마지막 페이지까지 읽은 존경하는 독자 여러분들은, 다시 한 번 이 책을 읽고 내가 옳은지 그른지 알려주기 바란다.

부록

피델 카스트로에게 보내는 작별편지

자녀들에게 보낸 편지

부모에게 보낸 편지

피델에게 보내는 노래

교살당한 강아지

피델 카스트로에게
보내는 작별편지

'농업의 해' 1965년 4월 아바나

피델,

지금 이 순간 많은 일들이 떠오릅니다. 마리아 안토니아의 집에서 당신을 만난 순간, 당신이 내게 함께하자고 제안한 순간, 그리고 여정을 준비하는 동안 긴장되던 순간들.

우리가 죽으면 누구에게 알려야 할지 물어보던 날이 지나고 실제로 죽을 가능성이 우리 모두에게 닥쳤지요. 나중에 우리는 혁명에서 승리할 수도 죽을 수도 있다는 것이 진실임을 알게 되었습니다. 많은 동지들이 승리의 순간에 이를 때까지 머나먼 길을 함께 걸었습니다.

오늘, 이 모든 것들이 덜 극적으로 보입니다. 우리가 이전보다 더 성숙했기 때문이겠지요. 하지만 역사는 되풀이됩니다.

나는 쿠바 땅의 혁명에서 내게 주어진 의무를 완수했다고 생각합니다. 그래서 당신과 동지들, 그리고 이제는 나의 민중이기도 한 당신의 민중에게 작별을 고하려고 합니다.

나는 당 지도자, 장관 직책, 사령관 지위, 그리고 쿠바 시민 자격 모두를 공식적으로 내려놓습니다. 법적인 어떤 것도 나를 쿠바에 묶지 않을 것입니다. 연결되어 있는 유일한 끈이 있다면, 그것은 약속이나 사명처럼 저버릴 수 없는 다른 성격의 것입니다.

지난 인생을 돌아보면, 나는 혁명의 승리를 굳건히 하기 위해 충분히 성실하고 헌신적으로 일해 왔다고 생각합니다.

나의 유일한 잘못은 시에라마에스트라에서 처음 시작했을 때부터 당신을 충분히 더 깊이 신뢰하지 않았다는 것과, 지도자와 혁명가로서 당신의 자질을 충분히 더 빨리 이해하지 못했던 것입니다. 나는 훌륭한 날들을 살아왔습니다. 그리고 찬란한 날들과 카리브 해 (미사일) 위기의 시기에 당신 곁에서 민중과 함께해 왔다는 사실에 자부심을 느꼈습니다.

근자에 당신보다 빛나는 정치인은 없을 것입니다. 나 또한 망설임 없이 당신을 따르고, 당신과 같은 방식으로 생각하고, 위험과 원칙에 대해 당신처럼 바라보고 평가한 것이 자랑스러웠습니다.

전 세계의 다른 나라들에서 나한테 소박한 노력이라도 경주해 줄 것을 요청하고 있습니다. 쿠바를 맨 앞에서 책임지고 있는 당신이 할 수 없는 일을 나는 할 수 있습니다. 이제 우리가 헤어질 시간이 다가왔습니다.

내게 기쁨과 슬픔이 교차하고 있다는 것을 알아주었으면 합니다. 건설자로서 나의 가장 순수한 희망과 내가 가장 사랑하는 것들을 여기 남기고 떠납니다. …… 그리고 나를 아들로 받아 준 민중을 두고 떠나게 되어 마음이 아픕니다. 새로운 전장으로 떠나면서 나는 당신이 내게 가르쳐 준 신념, 우리 민중의 혁명 정신, 어디엔가 존재하는 제국주의에 맞서 투쟁하는 가장 신성한 의무를 다한다는 각오를 품고 갑니다. 이런 것들이 힘을 솟구치게 하고 아픈 상처를 치유하는 원천입니다.

　내가 쿠바의 본보기가 된다는 것 말고는 나는 쿠바에 어떤 책임도 없다는 점을 다시 한 번 말씀드립니다. 내가 다른 하늘 아래에서 마지막 순간을 맞이하더라도 나의 마지막 생각은 쿠바 민중과, 특히 당신이 될 것입니다. 당신의 가르침과 당신이 보여 준 행동에 감사하며 내 활동이 끝나는 순간까지 거기에 충실하고자 노력할 것입니다. 나는 언제나 우리 혁명의 외교 정책과 동일시되어 왔고 앞으로도 그럴 것입니다. 어디에 있든지 나는 쿠바 혁명가로 책임감을 느끼고 그에 걸맞게 행동할 것입니다.

　내 아내와 아이에게 어떤 물질적인 것도 남기기 않은 것을 애석하게 생각하지 않습니다. 오히려 그렇게 하게 되어 기쁩니다. 나는 가족들을 위해 아무것도 요구하지 않을 것입니다. 국가가 그들에게 생계와 교육에 필요한 것들을 충분히 줄 것이기 때문입니다.

당신과 우리 민중에게 하고 싶은 말들이 많지만 필요하지 않다는 생각이 듭니다. 하고 싶은 말을 글로 다 표현할 수 없는 데다가 이런 메모지에 쓸 가치도 없는 것 같습니다.

영원한 승리를 위하여. 조국이냐 죽음이냐!
혁명적 열정을 가득 담아 당신을 포옹합니다.

체

자녀들에게 보낸 편지

사랑하는 일디타와 알레이디타, 카밀로, 셀리아, 에르네스토에게.

너희들이 언젠가 이 편지를 읽게 된다면 그때는 내가 더 이상 너희와 함께 있지 않을 것이다. 너희들은 나를 거의 기억하지 못할 게다. 가장 어린 녀석들은 전혀 기억 못하겠지.

너희 아버지는 자신이 생각한 대로 행동한 사람이며 자신의 신념에 진정코 충실했단다.

훌륭한 혁명가로 자라거라. 자연을 통제할 수 있는 기술을 익힐 수 있도록 열심히 공부해라. 중요한 것은 혁명이며 우리 각자는 아무 것도 아니라는 것을 명심해라.

특히 전 세계의 어떤 곳 어떤 사람에게 저질러지는 불의라도 언제나 느낄 수 있도록 노력해라. 그것은 혁명가의 가장 아름다운 자질이란다.

얘들아, 아빠는 너희들을 다시 만나기를 언제나 바라고 있
단다.

커다란 키스와 포옹으로

아빠가

부모님께 보낸 편지

나이 든 부모님께

다시 한 번 저는, 발꿈치로는 로시난테의 갈비뼈를 느끼면서 손에는 방패를 잡고 길을 떠납니다. 10여 년 전에 저는 당신들께 작별 편지를 썼습니다. 훌륭한 군인도 훌륭한 의사도 되지 못한 것을 한탄했던 기억이 떠오릅니다. 지금 저는 의사에는 관심이 없지만 그렇게 나쁜 군인은 아닙니다.

제가 훨씬 더 의식화된 것을 제외하면 본질적으로 바뀐 것은 전혀 없습니다. 제 마르크스주의는 뿌리를 내리고 다듬어졌습니다. 저는 해방을 위해 싸우는 민중에게 필요한 유일한 해결책은 무장투쟁이라고 믿으며 지금도 제 신념에 변함이 없습니다. 많은 사람들이 저를 모험가라고 부를 것입니다. 맞는 말이지만, 다만 종류가 다릅니다. 저는 스스로의 신념을 증명하기 위해 목숨을 거는 모험가입니다.

이번이 마지막이 될지도 모릅니다. 제가 일부러 그러지는 않겠지만 논리적으로는 죽을 수도 있습니다. 그래서 저는 당신들께 마지막 포옹으로 인사를 전합니다.

저는 당신들을 무척 사랑했지만 어떻게 내 애정을 표현해야 할지 몰랐을 뿐입니다. 제 행동이 너무 경직되어 있어 때때로 저를 이해하지 못했으리라고 생각합니다. 저를 이해하는 것이 어려웠겠지만 오늘만은 저를 믿어 주십시오. 장인의 즐거움으로 단련한 제 의지가 약한 다리와 피곤한 폐를 지탱해 줄 것입니다. 저는 그 일을 할 것입니다.

20세기의 이 자그마한 투사를 이따금 기억해 주시기 바랍니다. 셀리아와 로베르토, 후안 마르틴과 파토틴, 베아트리스를 비롯하여 모두에게 작별 인사를 전해 주십시오. 고집 세고 방탕한 아들이 당신들을 힘껏 껴안습니다.

에르네스토

피델에게 보내는 노래

가자

여명의 불타는 예언자여

울타리 없는 깊은 오솔길을 따라

당신이 그처럼 사랑한 푸른 대지를 해방시키러

가자

오욕을 쳐부수러

반역의 마르티 별들이 가득한 곳을 향해

승리 아니면 죽음을 맹세하면서

첫 총성이 들리고

놀란 처녀처럼 산천초목이 잠에서 깨어날 때
거기 당신 곁에 의연한 투사들로
우리가 있으리니

당신 목소리가 네 줄기 바람이 되어 널리 퍼지니
토지개혁, 정의, 빵, 자유!
거기 당신 곁에 같은 억양으로
우리가 외치리니

그리하여 투쟁의 마지막 날
바티스타를 수술대에 올리게 될 때
거기 당신 곁에 다음 투쟁을 기다리며
우리가 있으리니

잔인한 짐승이 국유화의 창을 맞고
상처 난 옆구리를 핥을 때
거기 당신 곁에 자랑스러운 마음으로
우리가 있으리니

저들이 우리의 굳센 의지를 꺾으리라 생각지 마오
우리는 선물로 무장하고 장식한 벼룩들이니

원하는 건 총과 총알, 바위 하나뿐

그 이상이 아니라오

우리 가는 길에 총알을 맞으면

아메리카의 역사로 바뀌는 동안

전사들의 시체를 덮기 위한

쿠바인들의 눈물 젖은 천 조각이 필요할 뿐

그 이상이 아니라오

1956년 7월 7일, 맹세의 날에

멕시코, 미겔슐츠 교도소에서

에르네스토 체 게바라

교살당한 강아지

시에라마에스트라의 힘든 조건을 고려하면 그날은 찬란한 날
이었다. 우리는 투르키노 분지의 가장 가파르고 복잡한 계곡 가
운데 하나인 아구아레베스를 지나 산체스 모스케라 부대를 조심
스럽게 따라가고 있었다. 그 집요한 살인자는 지나간 곳마다 불
탄 막사와 언짢은 슬픔의 흔적을 남겨 놓았다. 하지만 그의 발걸
음은 카밀로가 기다리고 있는 산맥의 두세 곳 중 하나를 지나 올
라갈 수밖에 없었다. 우리가 네바다 고개 또는 과거에는 '절름발
이의 고개'라고 불렀고, 지금은 '죽음의 고개'라고 부르는 곳이었
을 것이다.

카밀로는 전위 부대에서 열두어 명을 선발하여 떠났다. 그 제
한된 인원이 세 곳으로 나뉘어 1백 명이 넘는 부대를 막아야

했다. 내 임무는 산체스 모스케라의 배후를 따라 올라가면서 그를 에워싸는 것이었다. 우리의 주요 목표가 그를 포위하는 것이었기 때문에 적의 배후에서 멀찍이 화염에 휩싸여 불타는 오두막의 비참한 광경을 보면서 매우 참을성 있게 따라갔다. 우리는 멀리 있었지만 부대원들의 외침을 들을 수 있었다. 그 숫자가 전부 얼마나 되는지는 알 수 없었다. 우리 대오가 비탈길을 매우 어렵게 이동하고 있는 동안 적들은 좁은 계곡 깊숙이 들어갔다.

강아지 세 마리만 없었다면 모든 것이 완벽했다. 태어난 지 불과 몇 주밖에 되지 않은 조그만 사냥개였다. 펠릭스가 먹을 것을 남겨 둔 사령부로 돌아가라고 여러 차례 위협했지만 강아지는 계속 대오를 따라왔다. 시에라마에스트라 지역에서는 길이 나 있지 않기 때문에 비탈을 따라 걷기가 매우 힘들었다. 우리는 어려운 '펠루아'(pelua), 즉 고사목 '무덤'이 새로운 식생으로 덮여 있는 곳을 지났는데 통과하기가 무척 힘들었다. 우리는 손님들을 놓치지 않으려고 애쓰면서 통나무와 잡목들 사이를 뛰듯 하지 않으면 안 되었다.

이러한 상황에서 조그만 대오는 조용하게 전진했다. 숲에서 나는 사각거리는 소리에 간혹 나뭇가지가 부러지면서 나는 소리밖에 들리지 않았다. 하지만 그러한 정적은 강아지가 구슬프고 신경질적으로 짖어대어 갑작스레 깨졌다. 강아지는 뒤따라오면서 힘든 곳이 나타나면 주인에게 도와달라고 기를 쓰고 짖어 댔다.

누군가가 강아지를 안았고 우리는 계속 앞으로 나아갔다. 그런데 적군의 움직임을 주시하면서 계곡에서 쉬고 있을 때 강아지가 다시 신경질적으로 짖었다. 이번에는 단순히 부르는 것이 아니었다. 강아지는 버림받을까 두려워 필사적으로 짖어댔다.

나는 내가 내린 단호한 명령을 기억한다. "펠릭스, 강아지가 더 이상 짖지 못하게 해. 자네한테 처리하는 임무를 부여한다. 목을 졸라 다시는 짖지 못하게 해!" 펠릭스가 눈을 껌벅이며 나를 쳐다보았다. 지친 부대원들이 에워싼 한 가운데 펠릭스와 강아지가 있었다. 그는 아주 천천히 밧줄을 꺼내어 그 작은 동물의 목을 감고 조이기 시작했다.

귀엽게 움직이던 꼬리가 갑자기 경련을 일으킨 후 점점 움직임을 멈추는 동안 밧줄로 조인 목구멍을 통해 나오는 낮은 신음 소리만 간신히 들렸다. 시간이 얼마나 걸렸는지 잘 모르지만 우리 모두에게는 끝나기까지 무척 긴 시간이 흐른 것처럼 느껴졌다. 강아지는 마지막 경련을 일으킨 다음에는 힘겨운 싸움을 그만두었다. 강아지는 숲속 나뭇가지에 머리를 떨구고 축 늘어진 채 버려졌다.

우리는 행군을 계속했다. 그 사건에 대해서는 아무도 말하지 않았다. 산체스 모스케라 부대는 우리보다 조금 앞서 지나갔다. 조금 뒤에 몇 발의 총소리를 들었다. 우리는 위험한 지역을 피해 적의 배후로 접근하는 가장 좋은 길을 찾아 신속하게 비탈을 내

려왔다. 우리는 카밀로가 행동을 개시했다는 것을 알았다. 산으로 올라가기 전 마지막 집에 도착하기까지는 상당한 시간이 걸렸다. 우리는 언제든지 적과 마주칠 수 있다고 생각하면서 매우 조심하면서 나아갔다. 총소리는 격렬했지만 그리 오래 계속되지는 않았다. 우리는 모두 긴장한 가운데 기다렸다. 마지막 집 역시 버려져 있었다. 군인들의 흔적은 전혀 없었다. 두 정찰병이 '절름발이의 고개'에 올라갔다가 잠시 후 돌아와 소식을 전했다. "거기 무덤이 하나 있었다. 무덤을 파 보니 시체가 묻혀 있었다." 그리고 그들은 죽은 사람의 옷 주머니에서 찾아낸 서류를 가지고 왔다. 싸움이 있었고 사람이 죽었다. 그 시체는 죽은 사람 가운데 하나였지만 더 이상은 알 수 없었다.

우리는 낙담한 채 천천히 돌아왔다. 두 정찰병은 시에라마에스트라의 양쪽 방면으로 난 뚜렷한 길을 보여 주었을 뿐이다. 우리는 계곡 길을 따라 천천히 돌아왔다.

저녁에 어느 집에 도착했는데 역시나 비어 있었다. 그 집은 '푸른 바다'(Mar Verde)라는 농막이었는데 거기서 우리는 쉴 수 있었다. 돼지고기와 카사바 따위로 요리를 해 이윽고 식사가 준비되었다. 누군가가 기타를 치면서 노래를 불렀다. 농막은 안에 온갖 세간이 널려진 채 황급히 버려진 것 같았다.

나는 그때 그 노래가 감상적인 노래였는지, 또 밤이었는지, 피곤했는지 잘 알 수 없다. …… 다만 땅바닥에 앉아서 식사를 하

던 펠릭스가 뼈다귀를 하나 던진 것은 확실하다. 이웃집 개가 얌
전하게 와서 그 뼈를 집었다. 펠릭스는 개의 머리를 쓰다듬었고
개는 펠릭스를 쳐다보았다. 펠릭스는 뒤돌아보고 나와 죄스러운
눈빛을 교환했다. 갑자기 우리는 모두 조용해졌다. 거의 알아챌
수 없는 충격이 우리를 덮쳤다. 비록 다른 개를 통해서였지만 교
살당한 개가 온순하면서도 책망하는 듯한 짓궂은 눈빛으로 우
리 곁에 있었다.

옮긴이 후기

에르네스토 체 게바라(1928~1967)는 아르헨티나에서 태어나 성장했고, 쿠바혁명에 참여하여 주도적인 역할을 하다가 홀연 쿠바를 떠나 볼리비아에서 게릴라 투쟁을 벌이던 중 39세의 나이로 생을 마감한 혁명가로 널리 알려져 있다. 프랑스의 대표적인 지성 장폴 사르트르는 그를 '20세기 가장 완전한 인간'이라고 극찬했다.

의사 체 게바라가 모터사이클을 타고 라틴아메리카 전역을 여행하면서 쓴 일기, 멕시코에서 피델 카스트로를 만나 외국인으로서 쿠바혁명에 참여하게 된 이야기, 열두 명의 생존자로 시작한 게릴라 투쟁이 대다수 쿠바 민중의 지지를 획득하여 혁명에 성공한 드라마, 혁명 후 국립은행장과 산업부 장관을 지내며 쿠바 사회주의 경제의 기틀을 마련한 공적, 보장된 지위를 내려놓고 투신한 볼리비아 게릴라 투쟁에서 맞은 최후 등은 세상에 잘 알려진 이야기다. 지난날 프랑스에서 시작하여 전 세계를 흔든 '68혁명'을 계기로 체 게바라는 혁명의 아이콘으로 부활하여 지금까지도 그 이미지가 널리 소비되고 있다.

그러나 교육자로서 체 게바라의 행적이나 쿠바 교육에 남긴 유산은 쿠바 바깥세상에는 잘 알려져 있지 않은 것 같다. 쿠바의 각급 학교를 둘러보고 쓴 책에서 요시다 다로가 '교육 천국'이라 규정한 쿠바의 교육 시스템은 체 게바라의 사상과 피델 카스트로의 뚝심이, 쿠바 민중의 광범한 지지를 받아 이루어 낸 성과라고 할 수 있다. 곧 혁명 60주년(2019)이 되는 쿠바의 학교를 라틴 아메리카 다른 나라들이나 혁명 이전의 쿠바 학교에 비교해 보면, 인간이 역사를 만드는 주체라는 카를 마르크스의 말을 실감하게 된다.

유네스코 연구 팀의 일원으로 참여한 어떤 연구자는 쿠바를 진정한 '학습사회'(learning society)라고 규정했다. 이러한 평가는 체 게바라가 교육을 본 기본적인 관점이 쿠바 사회에 실현되고 있음을 잘 보여 준다. 체 게바라는, 개인이 사회화되는 과정 전체를 교육이라고 본 마르크스의 관점을 이어받아 사회교육학이라는 큰 틀에서 교육을 바라보았다. 체 게바라가 쿠바 교육 시스템에 직접적으로 기여한 바를 구체적인 몇 가지 사례로 살펴보기로 하자.

첫째, 쿠바 교육의 핵심 이념을 한 마디로 말하면 '모두를 위한 교육'(education for all), 곧 평등 교육이다. 유아원에서부터 대학에 이르기까지 쿠바의 모든 학교의 학비는 원칙적으로 국가가 무상으로 제공한다. 혁명 이전의 학교가 교육 기회의 형식적 평등에 기초한 것이었다면, 혁명 이후에는 교육 기회의 실질적 평등이 실현되고 있다고 할 수 있다. 이 나라의 교육을 좀 더 자세히 들여다보면 이런 교육 이념이 얼마나 철저하게 관철되고 있는지 잘 알 수 있다. 쿠바에는 초등학교가 약 9천 개나 있다. 인구가 쿠바의 네 배가 넘는 우리 나라에서 초등학교가 가장 많을 때 9천여 개였고 수많은 농촌 학교가 폐교된 지금 6천여 개인 현실과 비교해 보라. 쿠바의 초등학교는 걸어서 통학할 수 있는 장소에 있어야 한다는 원칙에 따라 대부분 소규모 학교이다. 학생 수가 열 명 이하인 학교도 2천여 개나 되고, 심지어 산간벽지에는 '학생 하나에 교사가 하나'인 학교도 제법 있다. 이 경우에도 물론 컴퓨터, 비디오 같은 기본 장비가 제공된다. 이는 체 게바라가 강조한 '모두를 위한 교육' 이념이 반영된 것이라고 볼 수 있다.

1990년 소련과 동유럽 현실 사회주의가 몰락한 이후, 국민총생산과 무역량이 급격히 줄어 국가가 생존의 위기에 처하자 카스트로는 '특별시기'를 선포하고 교육을 포함한 모든 분야의 재정 지출을 줄여야 했다. 이에 따라 정부는 각급 학교의 예산을 대폭 감축했지만 장애인과 고아를 위한 특수학교 예산은 한 푼도 줄이지 않았으며, 농촌 학교 통폐합 등을 통해 재정 부담을 줄이는 정책도 추진하지 않았다. 비용이 많이 들지만 이처럼 취약 계층을 우선하는 정책을 초지일관 실시한 결과, 혁명 정부는 국민적 통합을 이루어 힘든 시기를 견뎌 낼 수 있었다. 말하자면, 일종의 역차별을 통해 평등 교육의 이념을 지켜 나간 것이다.

둘째, 쿠바의 노동교육 프로그램은 '새로운 인간'(Un Hombre Nuevo)을 기르는 체 게바라의 교육 사상을 제대로 실천한 교육 정책이다. 혁명 정부는 뚜렷한 두 가지 목표를 잡고 교육에 노동을 결합하는 정책을 펼쳤다. 하나는 도시와 농촌의 차이, 정신 노동과 육체노동의 차이를 극복하고 학습과 노동을 결합함으로써 새로운 '사회주의적 인간형'을 창조하는 것이었고, 다른 하나는 부족한 농업 노동력을 보충하는 것이었다. 여기서 두 가지 유형의 학교 모델이 시행되었다. 1966년부터 전면적으로 도입된 '학교를 농촌으로'(Schools to the Country) 프로그램은 모든 도시 학교의 교사와 학생들을 연간 약 7주간 농촌으로 보내어 집중적인 노동력이 필요한 시기에 사탕수수 수확 노동 등에 참여시키는 것이었다. 학생들은 농촌에서 농민들과 더불어 노동에 참여함으로써 정신노동과 육체노동의 분리에 기초한 계급 구분을 줄이고 농업 생산을 늘리는 데에도 일정하게 기여했다. 1970년대 이후에는 '농촌 학교' 프로그램을 실시했다. '농촌 학교'는 중학교(7학년부터 10학년까지) 수준에서 시행된 기숙학교였다. 학생들은 주중에는 학교와 기숙사에서 학습과 노동을 병행하고 주말에는 집에서 보냈다. 이 프로그램도 사회주의 의식을 북돋우고 부족한 농촌 노동력을 보충한다는 점에서 '학교를 농촌으로' 프로그램과 동일한 취지였다. 다만 학생들의 교육 비용을 학생들 자신의 노동 생산물로 해결한다는 목표가 추가되었다. 이 프로그램은 학생들의 학업 성취도를 높이고 사회주의 의식을 드높이는 데는 상당한 성공을 거두었지만 재정적으로는 실패함으로써 결국 중단되었다.

그러나 학생들을 농업 노동과 접촉하게 하여 사회주의 의식을 고양한다는 개념은 오늘날에도 쿠바의 교육에서 중요한 부분을 차지한다. 모든 학생은 어떤 식으로든 학습과 노동을 병행한다. 모든 수준의 학교에서 노동교육은 중요한 교과과정으로 포함되어 있다. 초등학교의 경우 1년에 80시간, 중등학교의 경우 1년에 70~140 시간가량의 노동이 의무이다. 노동과 교육을 결합하는 또 하나의 제도는 이전의 '농촌 학교'를 인문계 고등학교로 전환시킨 조치이다. 아바나를 비롯한 대도시에는 인문계 고등학교가 없기 때문에 대학 진학을 희망하는 모든 학생은 '농촌 학교' 기숙사에서 생활해야 한다. 이러한 정책은 노동교육의 중요성을 표현한 것일 뿐 아니라 실업계 고등학교와의 역차별을 통해 평등 교육의 이념을 구현하려는 의도가 담긴 것이라고 볼 수 있다.

셋째, 쿠바의 예술교육에는 전인교육을 지향한 체 게바라의 사상이 반영되어 있다. 쿠바는 문화 강국이라고 자부할 정도로 예술에 종사하는 인구가 많을 뿐 아니라 일반 시민들의 문화 수준도 매우 높은 편이다. 쿠바의 문화예술 정책은 예술사범고등학교와 '문화의 집'(Casa de Cultura)을 보면 잘 알 수 있다. 예술계 교사 양성기관인 예술사범고등학교는 고등학교 인문계 교육과정과 교원 양성 과정을 병행하는 4년제 학교로 전국 15개 도에 하나씩 있다. 아바나에 있는 예술사범고등학교의 경우 학생 1,300여 명이 음악, 미술, 연극, 무용 네 교과로 나뉘어 공부하면서 기숙사에서 생활한다. 선발 시험은 성취도가 아니라 소질을 주요 기준으로 삼는다. 예컨대 음악과의 선발 시험은 박자 테스트와 발 구르기, 집중력 테스트 등인데, 악기를 전혀 만져 보지 못한 학생도 잠재적 소질만 있다면 입학할 수 있다. '문화 자본'을 누리지 못한 학생에게도 진학의 기회를 주는 평등 교육 이념이 학생 선발 시험에서도 작용하고 있는 것이다. 졸업 후에는 각급 학교의 예술 교사로 임용되거나 지역 공동체 '문화의 집' 교사로 활동한다. 국립으로 운영되는 '문화의 집'은 방과 후에 학생들이 음악, 미술, 연극, 무용 등 예술 학습과 활동을 하는 공간으로 모든 지역 공동체에 설립되어 있다. 학생들뿐 아니라 지역 공동체 주민들에게도 완전히 개방되어 누구든 무상으로 예술 활동을 할 수 있다.

넷째, 혁명 초기 쿠바혁명 지도부는 1961년을 '교육의 해'로 선포하고 전 국민적인 문자해득 운동을 전개했다. 교사와 학생을 비롯하여 글을 읽을 줄 아는 25만 명에 달하는 사람들이 동원되었다. 이 거대한 대중 동원에는 약 9개월 동안 모든 학교가 휴교한 가운데 중학교 이상의 학생들이 자발적으로 참여하였다. 3백만 권의 책, 10만 개의 파라핀 램프를 동원하는 엄청난 사회적 비용이 들인 끝에 21퍼센트이던 공식 문맹률은 3.9퍼센트로 떨어졌다. 문자해득 운동은 혁명을 농촌과 산간벽지에 전파하는 역할을 했을 뿐 아니라 도시의 교육받은 청년들이 농촌의 가난한 문맹자들과 접촉할 수 있는 기회를 제공했다는 점에서 혁명적 쿠바 사회의 통합에 결정적으로 이바지했다. 또한 문자해득 운동에서 학생들을 농촌으로 보내는 이러한 경험은 이후 쿠바 교육 시스템의 근간이 되어, 앞에서 언급한 '농촌 학교' 프로그램을 통해 노동과 교육을 결합하는 거대한 실험의 계기로 작용했다.

문자해득 운동은 일회성 행사로 끝나지 않고 평생교육 프로그램으로 이어졌다. 초등학교를 마치지 못한 14세 이상 성인들을 위한 공식 초등학교 과정이 개설되었으며, 1960년대 후반에는 성인들을 위한 초기 중등 과정과 대학에 입학하기 위한 후기 중등 과정도 운영되었다. 후기 중등 과정은 노동조합, 군대, 대중조직 등에서 개설되고 강의도 일터에서 이루어져 학생들은 노동과 학습을 병행했다. 현재는 혁명 세대가 나이가 들고 새로운 세대는 모두 공식 교육을 받기 때문에 이러한 성인교육의 필요성은 없어졌다. 그 대신 인구 고령화에 따라 최근에는 노인대학이 평생교육의 주류를 이루고 있다. 전국에 9백여 개의 노인대학은 주로 15개 각 도별 국립대학에서 설립한 시별 캠퍼스에 부설대학으로 개설되고 있다. 쿠바 정부의 이러한 노력들은 평생교육을 강조한 체 게바라의 사상이 반영된 것이라고 할 수 있다.

다섯째, '라틴아메리카의과대학'은 체 게바라의 사상이 오롯이 담겨 있는 학교라고 해도 과언이 아니다. 인도주의와 국제주의를 표방한 라틴아메리카의과대학은 라틴아메리카의 의료 취약 지역에서 의료 활동을 할 수 있는 의사들을 양성하고자 하는 목적으로 1998년에 문을 열었다. 처음에는 라틴아메리카 학생들에게 개방하다가 지금은 아프리카를 비롯한 전 세계인으로 문호를 확대했다. 해마다 1,500여명의 학생들이 입학하여 6년간의 과정을 마치면 의학박사 학위를 수여한다. 기숙사비를 포함한 모든 학비는 무료이다. 입학 자격도 독특하다. 졸업 후 자기 나라로 돌아가 의료 취약 지역에서 의사로 일하겠다는 서약과 출신국 정부의 추천서만 있으면 어떤 조건도 없이 입학이 허가된다. 다른 나라에서는 찾아 볼 수 없는 이러한 대학 제도는 피델 카스트로의 정치적 의지로 설립된 것이지만, 교육에서 과학기술의 중요성을 강조했을 뿐 아니라 인도주의와 국제주의를 몸소 실천한 체 게바라의 사상이 크게 작용한 것이라고 할 수 있다.

이 책은 차례에서 보듯 두 가지 뚜렷한 목표를 가지고 있다. 하나는 쿠바 교육 시스템 전반에 스며들어 있는 체 게바라의 사상을 일목요연하게 정돈하는 것이고, 다른 하나는 오늘날 쿠바의 교육에 체 게바라의 저작들을 실제로 활용하는 방법을 제시하는 것이다.

지은이는 1장과 2장을 통해 체의 교육 사상을 크게 두 부분으로 나누어 분석한다. 하나는 체가 다소 체계적으로 제시한 '새로운 인간,' 즉 사회주의적 인간형이 어떻게 형성될 수 있는가 하는 것이고, 다른 하나는 사회교육학에 관한 체의 사상이다. 체가 1965년 우루과이 주간지 《마르차》(Marcha, 전진)에 편지 형식으로 기고한 논문 〈쿠바의 사회주의와 인간〉은 '사회주의적 인간'에 관한 기념비적인 문건으로 알려져 있다. 지은이는 1장에서 이 논문을 바탕으로 체가 구상했던 '새로운 인간'의 상과 그러한 인간을 형성하는 교육 방법을 치밀하게 분석한다. 옮긴이는 애초에 〈쿠바의 사회주의와 인간〉 전편을 우리말로 옮겨 이 책의 부록으로 싣고자 했다. 하지만 워낙 중요한 글이라 부록 형식으로 독자들에게 소개하기에는 아깝다는 생각이 들어 다른 기회에 해설을 붙여 따로 출간할 예정이다.

2장에서는 체가 남긴 여러 저작과 활동을 토대로, 체 게바라를 사회교육을 실천한 교육가이자 사회교육학자로서 성공적으로

그려 내고 있다. 사회교육을 실천한 체의 모습은 비교적 많이 알려진 편이지만 체가 어엿한 사회교육학자였다는 사실을 드러내 보인 것은 이 책의 가장 큰 장점이라고 생각된다.

3장은 기본적으로 쿠바 사회의 맥락에서 체 게바라 저작을 어떻게 활용할지를 다루고 있어 다른 나라 독자들의 관심에서 멀어질 수 있는 부분이다. 하지만 이를 통해 쿠바 사회와 쿠바의 학교를 간접적으로 들여다볼 수 있을 뿐 아니라 체 게바라가 남긴 다양한 저작을 맛보기로 접할 수 있는 장점이 있다. 지은이가 체의 글이 내용도 내용이거니와 문학적 가치가 높은 작품이라고 평가한 대목은 주목할 만하다.

이 책의 번역 대본은 *del pensamiento de pedagógico de Ernesto Che Guevara*(Lidia Turner Marti. 2007, Editorial Capitán San Luis)를 사용했으며, 최근에 같은 출판사에서 펴낸 *Notes on Ernesto Che Guevara's Ideas on Pedagogy*(2013)와 한 문장씩 대조하면서 적절한 표현을 찾으려고 했다. 원서는 예수대학교 배진희 교수님이 연구년으로 1년 동안 쿠바에 머물면서 구해 온 것이다. 한국과 쿠바 사이에 외교 관계가 수립되어 있지 않아 원서를 펴낸 출판사와 번역 계약을 하는 일도 만만치 않았는데, 한·쿠바교류협회 정호현 실장이 바쁜 와중에도 출판사에 직접 방문하고 저작권 선인세를 전달하는 등 애써 주셨다. 두 분께 깊은 감사를 드린다.

어느덧 쿠바에 관한 번역 책 출간은 《쿠바식으로 산다》, 《쿠바 혁명사》, 《쿠바식 민주주의》에 이어 네 번째다. 네 권의 책을 만드는 데 편집과 출판 책임을 맡아 온 삼천리 송병섭 대표에게 깊은 동지애와 감사의 마음을 전하며 출간의 기쁨을 함께 나누고 싶다.

지은이가 호세 마르티를 인용하여 헌사에 썼듯이 "인간의 진보와 미래의 삶, 덕의 효용을 믿는" 교육자들과 학생들에게 이 책이 체 게바라의 새로운 면모를 알게 하고 더 나은 미래의 교육을 구상하는 데 조금이라도 보탬이 되기 바란다.

2018년 11월

함취당에서 정진상

주석

머리말

1. Ernesto Che Guevara: *Obras 1957-1967*, t. II, Casa de las Américas, La Habana, 1970, p. 34.
2. 같은 책, p. 373.
3. 같은 책, p. 384.
4. 같은 책, p. 372.
5. Manuel Valdés Rodríguez: *Ensayos sobre educación teórica, práctica y experimental*, t. 2, Imprenta El Fígaro, La Habana, 1898, p. 20.

1장 사회주의적 인간 교육

1. Ernesto Che Guevara: *Obras 1957-1967*, t. II, Casa de las Américas, La Habana, 1970, pp. 383-384.
2. 같은 책, pp. 317-318.
3. 같은 책, pp. 299-300.
4. 같은 책, pp. 42-43.
5. 같은 책, p. 259.
6. 같은 책, p. 74.

7. Fernando González y otros: "Notas para un debate acerca de la formación del hombre nuevo", en Semi-nario El socialismo y el hombre en Cuba. Ponencias centrales, p. 42.

8. Ernesto Che Guevara: 앞의 책., t. II, p. 380.

9. 같은 책, t. II, p. 158.

10. Ernesto Che Guevara: *Escritos y Discursos*, t. 6, Editorial de Ciencias Sociales, La Habana, 1977, P. 17

11. Ernesto Che Guevara: *Obras 1957-1967*, t. II, Ed. cit., p. 163.

12. 같은 책, p. 371.

13. 같은 책, p. 382.

14. 같은 곳

15. Ernesto Che Guevara: *Obras 1957-1967*, t. II, Ed. cit., p. 29.

16. Ernesto Che Guevara: *Escritos y Discursos*, t. 5, Ed. cit., p. 232.

17. 같은 책, t. 6, p. 83.

18. 같은 책, pp. 88-89.

19. Ernesto Che Guevara: *Obras 1957-1967*, t. II, Ed. cit., p. 384.

20. 같은 책, p. 694.

21. 같은 책, p. 687.

22. 같은 책, p. 29.

23. Ernesto Che Guevara: *Escritos y Discursos*, t. 6, Ed. cit., pp. 7-8.

24. José martí: *La Edad de Oro, Gente Nueva*, La Habana, 1972, p. 12.

25. Ernesto Che Guevara: *Obras 1957-1967*, t. II, Ed. cit., p. 615.

26. 같은 책, p. 616.

27. 같은 책, p. 619.

28. 같은 책, p. 621.

29. 같은 책, p. 653.

30. 같은 책, p. 610.

31. 같은 책, t. I, p. 27.

32. 같은 책, t. II, p. 610.

33. 같은 책, p. 613.

34. 같은 책, p. 601.

35. 같은 책, p. 194.

36. 같은 곳

37. Ernesto Che Guevara: *Obras 1957-1967*, t. II, Ed. cit., p. 313.

38. 같은 책, p. 173.

39. 같은 책, p. 88.

40. 같은 책, p. 91.

41. Ernesto Guevara Lynch: "Testimonio, Mi hijo el Che," en revista Cuba Internacional, no. 213, La Habana, sept. de 1987. p. 29.

42. Juan Almeida Bosque: "Este es el Che que conoce-mos," en revista Cuba Internacional, no. 213, La Habana, sept. de 1987, p. 16.

43. Vo Nguyen Giap: "Crear dos, tres, muchos Viet Nam," en revista Tricontinental, no. 83, La Habana, bimestre 5-82, 5-83, p. 105.

44. Matilde Lara: "Educar a nuestros hijos en el ejemplodel Che," en revista Tricontinental, no. 83, La Habana, bimestre 5-82, 5-83, p. 119.

45. José martí: Obras Completas, t. 18, p. 478.

46. Ernesto Che Guevara: Escritos y Discursos, t. 1, Ed. cit., pp. 190-191.

47. Ernesto Che Guevara: *Obras 1957-1967*, t. II, Ed. cit., pp. 190-191.

48. 같은 책, p. 165.

49. 같은 곳

50. Ernesto Che Guevara: *Obras 1957-1967*, t. II, Ed. cit., p. 29.

51. 같은 책, p. 226.

52. 같은 책, p. 696.

53. 같은 책, p. 607.

54. Ernesto Che Guevara: Escritos y Discursos, t. 8, Ed. cit., pp. 227-228.

55. 같은 책, t. 7, p. 152.

56. Ernesto Che Guevara: *Obras 1957-1967*, t. II, Ed. cit., p. 181.

57. Ernesto Che Guevara: "El Socialismo y el hombre en Cuba," en Escritos y discursos, t. 8, Ed. cit., p. 264.

58. Ernesto Che Guevara: Discurso pronunciado en el Segundo

Seminario Económico de Solidaridad Afroasiática, Argel, 21 de febrero de 1965.

59. 같은 곳

60. 같은 곳

61. Ernesto Che Guevara: Intervención en la Reunión de Directres de Institutos de la Academia de Ciencias de Cuba.

62. Ernesto Che Guevara: "Tareas industriales de la Revolución," en *Escritos y discursos*, t. 6, Ed. cit.

63. 같은 곳

64. José Vázquez: "Entrevista exclusiva a Salvador Vilaseca," en revista *Opina*, no. 119, La Habana, 19 de marzo de 1988, p. 7.

65. Ernesto Che Guevara: *Obras 1957-1967*, t. II, Ed. cit., p. 46.

66. 같은 책, p. 47.

67. 같은 책, pp. 47-48.

2장 사회교육학과 민중교육

1. Ernesto Che Guevara: *Obras 1957-1967*, t. II, Casa de las Américas, 1970, p. 77.

2. 1984년, 에스파냐 잡지 《보르돈》(Bordón)은 사회교육학 특집호를 발간했다. 1986년, 무르시아대학은 사회교육학에 관한 2차 지역 워크샵을 개최했다(1차 워크샵은 1983년에 열렸다). 1986년, UNEP는 사회교육학에 관한 세미나를 조직했다. 바로셀로나대학의 잡지 《교육》은 1986년 9호를 사회교육학 특집으로 발간했다.

3. Lorenzo Luzuriaga: *Pedagogía social y política*, Ed. Losada, S.A., Buenos Aires, 1958, p. 13.

4. 같은 책, p. 14

5. José Marino Fernández: "Exigencias de integrar teoría y práctica en la formación del pedagogo social. Presentación de una experiencia concreta," en revista *Educar* (9), p. 102.

6. Ernesto Che Guevara: 앞의 책, t. II, p. 11.

7. 같은 책, pp. 11-12.

8. 같은 책, p. 20.

9. 같은 책, p. 21.

10. 같은 책, p. 23.

11. 같은 곳.

12. Ernesto Che Guevara: 앞의 책, t. II, p. 29.

13. 같은 책, p. 28.

14. 같은 책, p. 33.

15. 같은 책, p. 39.

16. 같은 곳.

17. 같은 곳.

18. Ernesto Che Guevara: 앞의 책, t. II, p. 48.

19. 같은 책, p. 49.

20. 이것은 당시 피델 카스트로의 입장을 보여 준다.

21. Ernesto Che Guevara: 앞의 책, t. II, p. 50.

22. 같은 책, pp. 73-74.

23. 같은 책, p. 75.

24. 같은 책, p. 134.

25. 같은 책, p. 135.

26. 같은 책, p. 55.

27. Ernesto Che Guevara: "Discurso pronunciado el 3 de abril de 1963 en Minas del Frío," en *Escritos y Discursos*, t. 7, Editorial de Ciencias Sociale, La Habana, 1977, pp. 56-57.

28. 같은 글, pp. 57, 59.

29. Ernesto Che Guevara: *Obras 1957-1967*, t. II, Ed. cit., p. 179.

30. 같은 책, p. 180.

31. 같은 곳.

32. Ernesto Che Guevara: *Obras 1957-1967*, t. II, Ed. cit., p. 181.

33. 아디스 쿠풀(Adys Cupull)과 프로일란 곤잘레스(Froilán González)의 증언.

3장 체 게바라의 저작과 쿠바의 교육

1. Fidel Castro: "Discurso pronunciado en la velada solemne el 18 de octubre de 1967," en Ernesto Che Guevara: *Obras 1957-1967*, t. I, Casa de las Américas, La Habana, 1970, p. 22.
2. 같은 글, t. II, p. 694.
3. 같은 글, p. 70.
4. 같은 글, pp. 70-71.
5. "Un Che recorre América," en revista *Cuba*(67), a. VI, La Habana, noviembre de 1967, pp. 18-19.
6. Ernesto Che Guevara Lynch: *Mi hijo el Che*, pp. 14-15.
7. "La niñez del Che. Conversación con José Aguilar," en periódico *Granma*, 16 de octubre de 1967, La Habana, p. 4.
8. 같은 곳
9. Ernesto Che Guevara: 앞의 책, t. II, p. 619.
10. 같은 책, pp. 601-602.
11. 같은 책, p. 601.
12. 같은 책, p. 602.
13. 같은 책, p. 603.
14. 같은 책, t. I, p. 191.
15. 같은 곳, p. 191.
16. Ernesto Che Guevara: 앞의 책, t. II, p. 621.
17. 같은 책, pp. 609-610.
18. 같은 책, pp. 613-614.
19. 같은 책, p. 606.
20. 같은 책, pp. 617-618.
21. 같은 책, p. 492.
22. Eduardo Aiguesvives: "Un lector infatigable," en revista *Verde Olivo* (41-47), La Habana, septiembre de 1987, p. 39.
23. 같은 곳.

24. José Antonio Portuondo: "Notas preliminares sobre el Che escritor," en periódico *Granma*, La Habana, 15 de junio de 1986, p. 2.

25. 이것은 사령관 후안 알메이다 보스케(Juan Almeida Bosque)의 말이었다고 최근 확인되었다.

26. Ernesto Che Guevara: 앞의 책, t. I, pp. 199~200.

27. 같은 책, p. 231.

28. 같은 책, p. 134.

29. 같은 책, p. 342.

30. Ernesto Che Guevara: *El diario del Che en Bolivia*, p. 293.

31. 같은 책, p. 79.

32. 같은 책, p. 89.

33. 같은 책, p. 92.

34. 같은 책, p. 93.

35. 같은 책, p. 105.

36. 같은 책, p. 76.

37. 같은 책, p. 292.

38. Ernesto Che Guevara: *Obras 1957-1967*, t. I, Ed. cit., p. 189.

39. 같은 책, p. 332.

40. 같은 책, t. II, p. 384.

41. 같은 책, t. I, p. 67.

42. 같은 책, p. 27.

43. 같은 책, p. 538.

44. 같은 책, t. II, p. 688.

45. 같은 책, p. 685.

46. 같은 책, p. 598.

47. José Antonio Portuondo: 앞의 글., p. 2.

48. Ernesto Che Guevara: *Obras 1957-1967*, t. II, Ed. cit., p. 693.

49. 같은 글, p. 696.

50. 같은 글, p. 692.

51. 같은 글, p. 675.

52. 같은 글, p. 698.

맺음말

1. Ernesto Che Guevara: *Obras 1957-1967*, t. II, Casa de las Américas, La Habana, 1970, p. 34.
2. 같은 책, pp. 379-380.
3. Ernesto Che Guevara: *Una uneva actitud ante el trabajo*, Ed. CTC-R, La Habana, 1962, pp. 12-13.
4. Ernesto Che Guevara: *Obras 1957-1967*, t. II, Ed. cit., p. 341.
5. Ernesto Che Guevara: *Escritos y discursos*, t. 7, Editorial de ciencias Sociales, La Habana, 1977, p. 12.
6. José martí: *La Edad de Oro, Gente Nueva*, Instituto Cubano del Libro, La Habana, 1970, p. 121.
7. José martí: *Obras Completas*, t.16, Edutorial de Ciencias Sociales. La Habana, 1975, p. 17.

참고문헌

ACOSTA, ADA: "Algunas consideraciones sobre la utilización de los métodos persuasivos en la obra del comandante Ernesto Guevara de la Serna," Trabajo científico individual, Facultad de Superación, Instituto Superior Pedagógico E. J. Varona, La Habana, 1988.

ALMEIDA BOSQUE, JUAN: "Éste es el Che que conocemos," en revista *Cuba Internacional*, (213) La Habana, sept. de 1987.

AIGUESVIVES, EDUARDE: "Un lector infatigable," en revista *Verde Olivo* (41-47), La Habana, sept. de 1987.

BARRIOS OSONA, IRENE: "Che Guevara. Crítica y autocrítica en la construcción del socialismo," en *Revista Cubana de Ciencias Sociales*, a. V (15), La Habana, sept.-dic., 1987.

CASTRO RUZ, FIDEL: Intervención en el Ministerio de Educación, La Habana, 8 de julio de 1970.

_____: "Discurso pronunciado en la velada solemne en memoria del comandante Ernesto Che Guevara," en *Ernesto Guevara Obras 1957-1967*, 2 t., Casa de las Américas, La Habana, 1970.

_____: "Prólogo," en Ernesto Guevara: *Diario del Che en Bolivia*, instituto Cubano del Libro, La Habana, 1968.

CHÁVEZ ANTUNEZ, ARMANDO: *Del pensamiento ético del Che*, Editora

Política, La Habana. 1983.

_____: "Las concepciones de Ernesto Che Guevara en torno a la formación del hombre nuevo," en *Revista Cubana de Ciencias Sociales*, a. V (15), La Habana, sept.-dic., 1987.

CLAUDIO PUERTO, AMALIA: "El fenómeno social de la educación como fundamento de las diferencias generacionales," en *Educar* (9), Universidad Autónoma de Barcelona, 1986. Conferencia teórica sobre el pensamiento económico del comandante Ernesto Che Guevara. Memoria, Editora Política, La Habana, 1990.

CUPULL, ADYS Y F. GONZÁLEZ: *De Ñancahuasú a la Higuera*, Editora Política, La Habana, 1989.

_____: Entre *nosotros*, Ediciones Abril, La Habana, 1992.

_____: *Un hombre bravo*, Editorial Capitán San Luis. La Habana, 1992.

_____: Canto Inconcluso. *Una vida dedicada al Che*, Editora Política, La Habana, 1998.

DELGADO, CARLOS: "Desarrollo del pensamiento político de Ernesto Che Guevara en el proceso de la lucha revolucionaria por la liberación de Cuba," en *Revista Cubana de Ciencias Sociales*, a. V (15), La Habana, sept.-dic., 1987.

FERNANDEZ, JOSÉ MARINO: "Exigencias de integrar teoría y práctica en la formación del pedagogo social. Presentación de una experiencia correcta," en *Educar* (9), Universidad Autónoma de Barcelona, 1986.

GONZÁLEZ, ALEJANDRO Y NANCY GONZÁLEZ NEGRÓN: "Estudio de los giros descriptivos utilizados por el comandante Ernesto Che Guevara en sus obras," Trabajo de curso, Instituto Superior Pedagógico E. J. Varona, La Habana, 1973.

_____: "Estudio de elementos del lenguaje poético utilizados por el comandante Ernesto Che Guevara en sus obras," Trabajo de curso, Instituto Superior Pedagógico E. J. Varona, La Habana, 1974.

_____: "Estudio de algunos giros y elementos propios del lenguaje americano utilizados por el comandante Ernesto Che Guevara, en sus obras," Trabajo de curso, Instituto Superior Pedagógico E. J. Varona, La Habana, 1974.

_____: "Estudio de algunos fragmentos humorísticos en la obra del comandante Ernesto Che Guevara," Trabajo de curso, Instituto Superior Pedagógico E. J. Varona, La Habana, 1975.

GONZÁLEZ REY, FERNANDO y otros: "La categoría personalidad en la psicología marxista," en *Algunas cuestiones técnicas y metodológicas sobre el estudio de la personalidad*, Pueblo y Educación, La Habana, 1982.

_____: "Notas para un debate acerca de la formación del hombre nuevo," Seminario El socialismo y el hombre en Cuba, Ponencias centrales (s.n.), La Habana, 1988.

GONZÁLEZ, ISABEL: "Algunas proyecciones sobre la Educación y el desarrollo social en la obra del comandante Ernesto Che Guevara," Trabajo científico individual, Facultad de Superación, Instituto Superior Pedagógico E. J. Varona, La Habana, 1988.

GONZÁLEZ NEGRÓN, NANCY: "Algunas consideraciones sobre las ideas pedagógicas del comandante Ernesto Che Guevara," Trabajo de diploma, Instituto Superior Pedagógico E. J. Varona, La Habana, 1975.

GUEVARA, ERNESTO CHE: "Prólogo," en Gaspar García Galló: *Biografía del tabaco habano* (s.n.), La Habana, 1961.

_____: *Una nueva actitud ante el trabajo*, Ed. CTC-R, La Habana, 1962.

_____: *Diario del Che en Bolivia*, Instituto Cubano del Libro, La Habana, 1968.

_____: *Obras 1957-1967*, 2 t., Casa de las Américas, La Habana, 1970.

_____: *Escritos y Discursos*, t. 1, 5, 6, 7 y 8, Editorial de Ciencias Sociales, La Habana, 1977.

GUEVARA LYNCH, ERNESTO: *Mi hijo el Che*, Arte y Literatura, La Habana, 1988.

LABARRERE VALDIVIA, GUILLERMINA: *Pedagogía*, Pueblo y Educación, La Habana, 1988.

LARA, MATILDE: "Educar a nuestros hijos en el ejemplo del Che," en revista *Tricontinental*, (83), La Habana, bimestre 5-82, 5-83.

LENIN, V. I.: *Acerca de la juventud*, Editorial Progreso, Moscú, (s.a.).

_____: *La cultura y la revolución cultural*, Editorial Progreso, Moscú (s.a.).

_____: *Sobre la educación comunista*, Editora Política, La Habana, 1964.

LUZURIAGA, LORENZO: *Pedagogía social y política*, Ed. Losada, S.A., Buenos Aires, 1958.

MACHADO, DARÍO: "Análisis del Che sobre las deformaciones burocráticas en Cuba," en *Cuba Socialista* (41), La Habana, sept.-oct., 1987.

MARTÍ, JOSÉ: *La Edad de Oro*, Editorial Gente Nueva, Instituto Cubano del Libro, La Habana, 1972.

_____: *Obras Completas*, t. 18, Editorial de Ciencias Sociales, La Habana, 1975.

MARTÍNEZ, FERNANDO: *Che, el socialismo y el comunismo*, Casa de las Américas, La Habana, 1989.

MARX, CARLOS y FEDERICO ENGELS: *Obras Escogidas*, Editorial Dirección Nacional de Instrucción Revolucionaria, La Habana, (s.a.).

MEIER, ARTHUR: *Sociología de la educación*, Editorial de Ciencias Sociales, La Habana, 1984.

MIRANDA, OLGA y J. ORTEGA: "El socialismo y el hombre en Cuba: significación y vigencia," en *Revista Cubana de Ciencias sociales*, a. V (15), La Habana, sept-dic., 1987.

PÉREZ GALDÓS, VÍCTOR: *Un hombre que actúacomo piensa*, Editora Política, La Habana, 1989.

PORTUONDO, JOSÉ ANTONIO: "Notas preliminiares sobre el Che escritor," en periódico *Granma*, La Habana, 15 de junio de 1986.

QUINTANA, JOSÉ M.: "Pedagogía social y sociología de la educación," en *Perspectivas pedagógicas* (39), La Habana, 1977.

RIVERO, DAISY: "El hombre como centro de la concepción revolucionaria de Ernesto Guevara," en *Revista Cubana de Ciencias Sociales*, (22), La Habana, 1990.

ROJAS, MARTA: "Testimonio sobre el Che en el Perú," en periódico *Granma*, La Habana, 9 de junio de 1988.

SAENZ, TIRSO: "Ernesto Che Guevara y el desarrollo científico-técnico en Cuba," en *Cuba Socialista* (41), La Habana, sept-dic., 1989.

SÁNCHEZ, GERMÁN: "El internacionalismo: deber y necesidad," Seminario El Socialismo y el hombre en Cuba. Ponencias centrales (s.n.), La Habana, 1988.

SUÁREZ, LUIS: "Che, un hombre del futuro, un hombre de nuestro tiempo," Seminario El Socialismo y el hombre en Cuba. Ponencias centrales (s.n.), La Habana, 1988.

TABLADA, CARLOS: *El pensamiento económico de Ernesto Che Guevara*, Casa de las Américas, La Habana, 1987.

VALDÉS RODRÍGUEZ, MANUEL: *Ensayos sobre educación teórica, práctica y experimental*, t. 2, Imprenta El Fígaro, La Habana, 1898.

VALDÉS vivó, RAÚL: "Hombre nuevo y pueblo nuevo en Cuba socialist," Seminario El socialismo y el hombre en Cuba. Ponencias contrales (s.n.), La Habana, 1988.

VÁZQUEZ, JOSÉ: "Entrevista exclusiva a Salvador Vilaseca," en revista *Opina*, (119), La Habana, 19 de marzo de 1988.

VO NGUYEN GIAP: "Crear dos, tres, muchos VietNam," en revista *Tricontinental* (83), La Habana, bimestre 5-82, 5-83.

찾아보기